Arthur Schopenhauer

Die Wahrheit kann warten

Arthur Schopenhauer

Die Wahrheit kann warten,

denn sie hat ein langes Leben vor sich

Auswahl kleiner
philosophischer Schriften

Herausgegeben von
Bruno Kern

marixverlag

Der Auswahl liegt folgende Originalausgabe zugrunde:
Arthur Schopenhauer, Parerga und Paralipomena.
Kleine philosophische Schriften, Bd. 2
(*Arthur Schopenhauer's sämmtliche Werke, 6 Bände*), Leipzig 1908.
Die Zählung der Paragrafen folgt dieser Ausgabe.
Mit einer – im Text angezeigten – Ausnahme wurden auch die
Kapitelüberschriften beibehalten.
Orthografie und Zeichensetzung wurden den heute geltenden Regeln angepasst.

Bibliografische Information der Deutschen Nationalbibliothek
Die Deutsche Nationalbibliothek verzeichnet diese Publikation in der
Deutschen Nationalbibliografie; detaillierte bibliografische Daten sind im
Internet über
http://dnb.d-nb.de abrufbar.

Für diese Ausgabe:

© by marixverlag GmbH, Wiesbaden 2013
Covergestaltung: Nicole Ehlers, marixverlag GmbH
Bildnachweis: Federplanze, Gemälde von Paul Klee
Satz und Bearbeitung: C&H Typo-Grafik, Miesbach
Gesetzt in der Adobe Garamond
Gesamtherstellung: CPI books GmbH, Ulm
Printed in Germany

ISBN: 978-3-86539-309-8

www.marixverlag.de

Inhalt

„Das Leben ist eine missliche Sache!"

Die Weisheit eines gelassenen Pessimisten

Er ist wahrscheinlich der meistgelesene Philosoph im deutschen Sprachraum überhaupt. Bis heute erfreut sich Arthur Schopenhauer einer schier unglaublichen Popularität, während er doch innerhalb der akademischen Philosophie eher ein Randdasein fristet – zu Unrecht, wie hoffentlich auch an diesem Band deutlich wird. Wenn man Kants *Kritik der reinen Vernunft* nachsagte, sogar die Friseurlehrlinge hätten sie seinerzeit verschlungen, dann passt dieses Diktum in unseren Tagen am ehesten noch auf Schopenhauers Hauptwerk, *Die Welt als Wille und Vorstellung*.

Sein Vater hatte für ihn eigentlich eine Karriere als Kaufmann vorgesehen und stellte ihm die Finanzierung einer Weltreise in Aussicht, falls er sich diesem Berufswunsch unterordnen würde. Der junge Schopenhauer akzeptierte den Deal, um freilich nach des Vaters Tod dessen Bedingung nicht zu erfüllen, seine Lehre abzubrechen, in schon fortgeschrittenem Alter ein Gymnasium zu besuchen und schließlich seine akademische Laufbahn mit einer Habilitation in Berlin zu krönen. Der innere Antrieb zur Philosophie aber erwuchs ihm zunächst aus der Erfahrung des Lebens selbst. Das biografische Schlüsselerlebnis, das ihn zum Nachdenken über das Dasein veranlasste, war das Leid von Galeerensklaven, das er in der französischen Hafenstadt Toulon erlebte. Der Anfang der Philosophie – für Aristoteles bekanntermaßen das Staunen – ist für ihn die Erfahrung des Leids der geschundenen Kreatur. Dies wird einen bleibenden Impetus seines Denkens bilden und begründet wohl auch seine Beschäftigung mit fernöstlichen Lehren wie dem Buddhismus.

Die Philosophie seiner Tage steht ganz im Zeichen von Kants „kopernikanischer Wende". Kants „Transzendentalphilosophie" wendet sich dem Nachdenken über die Bedingungen unseres Erkennens selbst zu, macht die Erkenntnistheorie anstelle der alten Metaphysik zur „prima philosophia", zum Ausgangspunkt aller Philosophie. Mit den Anschauungsformen von Raum und Zeit und den Verstandeskategorien ist unser Erkennen Kant zufolge streng auf den Bereich der Erscheinungen beschränkt. Die objektive Ursache dieser immer schon von den subjektiven Voraussetzungen unserer Erkenntnisfähigkeit überformten Erscheinungen allerdings, das „Ding an sich", bleibt unerkannt, das „ignotum X", das man zwar eben als die Ursache der Erscheinungen postulieren muss, aber nicht „erkennen" kann. Kant wird zum Ausgangspunkt der weiteren Entwicklung philosophischen Denkens, näherhin des *Deutschen Idealismus*, der in Hegel seinen Höhepunkt findet. Die Denker des Deutschen Idealismus arbeiten sich auf je ihre Weise an den verbleibenden Widersprüchen, unbefriedigenden Erklärungen und „dogmatischen Resten" bei Kant ab, die sie mit ihren Systemen überwinden wollen. Unbefriedigend zum Beispiel ist bei Kant das nahezu beziehungslose Nebeneinanderbestehen von theoretischer und praktischer Vernunft. Einen Widerspruch stellt es dar, wenn Kant das „Ding an sich" als Ursache der Welt der Erscheinungen postuliert und damit die Kategorie der Kausalität, die nur im Bereich der Erscheinungen ihre Gültigkeit hat, außerhalb dieses Bereiches anwendet. Nicht geklärt ist auch die Rolle dessen, was der subjektiven Erkenntnis die letzte integrierende Einheit verleiht, Kants „transzendentale Apperzeption", usw.

Arthur Schopenhauer beschreitet – fernab von denen, die die philosophische Szene beherrschen – hierbei seinen eigenen, höchst originellen Weg. Das unserer Vorstellung von der Welt zugrunde liegende Reale, das kantische Ding an sich, ist für ihn der Wille als universales Lebensprinzip! Bestimmend für diese Einsicht ist es, dass sich der Mensch nicht nur als erkennendes Subjekt, sondern unmittelbar in seiner Leiblichkeit erfährt! Dieser Wille nun manifestiert sich innerhalb der gesamten Natur in immer höheren Stufen der Objektivation, bis er schließlich im Intellekt des Menschen selbst die Voraussetzungen seiner eigenen Anschauung hervorbringt. Unsere Welt, in der wir leben, ist also zugleich ihrem ganzen Wesen nach durch und durch Wille und durch und durch Vorstellung. Der Wille als universales Prinzip der Natur ist das tragende Fundament. In unserem Intellekt wird diese Welt als Wille zur Vorstellung.[1]

Mit diesem höchst originellen Ansatz, Kants Erkenntnisphilosophie weiterzudenken, blieb Schopenhauer ein Außenseiter. Sein Hauptwerk, das er im Jahr 1818 abschloss, erwies sich als „Flopp" und wurde eingestampft. Nur einmal bekam er in Berlin die Gelegenheit, sein philosophisches System innerhalb eines Semesters vorzutragen – vor einer Zuhörerschaft, die nahezu an einer Hand abzuzählen war. Gegen den großen Star Hegel hatte Schopenhauer keine Chance. Lange Zeit lebte er völlig zurückgezogen in Frankfurt am Main. Erst am Ende seines Lebens wurde ihm doch noch die Anerkennung zuteil, die sein Werk allemal verdient. Und bis heute bleibt er für eine große Zahl von Menschen, die nie eine philosophische Vorlesung besucht haben, der nahezu einzige Mystagoge ins Nachdenken über die menschliche Existenz und die Welt.

Erste öffentliche Aufmerksamkeit erlangte Schopenhauer durch eben jenes Werk, aus dem dieser Band eine kleine Auswahl besonders schöner Kostproben bietet.[2] Die *Parerga und Paralipomena* (wörtlich etwa: „Nebenarbeiten und Nachträge")

---

[1] Ein sehr plattes populäres Missverständnis hat Schopenhauer die Leugnung der Außenwelt, also einer objektiven Realität außerhalb unseres Bewusstseins, unterstellt. Diese Frage hat Schopenhauer allerdings als völlig irrelevant von sich gewiesen.

[2] Verwiesen sei an dieser Stelle an den ersten Auswahlband: Arthur Schopenhauer, Aphorismen zur Lebensweisheit, Wiesbaden [4]2012.

boten in zwei recht voluminösen Bänden allgemein verständliche Formulierungen seiner Weltanschauung, illustrierende Beobachtungen dazu, Reflexionen zu vielen Aspekten des Daseins, die in seinem Hauptwerk nur knapp zur Sprache kommen, und nicht zuletzt eine erfrischende Polemik gegen die etablierte Gelehrtenwelt, die institutionalisierte Religion etc. Schopenhauer vereinigt mehrere Talente in sich: Kants scharfe Analyse, Lichtenbergs geschliffene Polemik und die Weisheit eines Buddha finden sich in ihm gleichermaßen. Überdies erweist er sich auch als ein Meister der „Introspektion", das heißt der Beobachtung und Analyse innerer psychischer Prozesse am Beispiel seiner selbst.

Diese kleine Auswahl will natürlich zunächst mit Schopenhauer selbst vertraut machen und hat sich deshalb bemüht, möglichst viele seiner Facetten zum Funkeln zu bringen. Ich habe mich nicht gescheut, auch kleine Texte aufzunehmen, die die Grundgedanken seiner Weltanschauung wiedergeben: Hier sind sie nämlich besonders konzise auf den Punkt gebracht und geeignet, Appetit auf Schopenhauers Hauptwerk zu machen. Ein leitender Gesichtspunkt der Auswahl war allerdings – ganz im Sinne Schopenhauers –, beim Leser und bei der Leserin die Lust am „Selbstdenken" zu wecken. Schopenhauers „Erfolgsrezept" liegt meines Erachtens vor allem darin begründet, dass er nicht nur ein „System" vorlegt, sondern dass er in seinem Denken wie Leben zur „philosophischen Existenz" ermutigt. Es gibt kaum einen Philosophen, bei dem Denken und Leben – sein Vegetarismus, seine anrührende Tierliebe, seine Empfindsamkeit für das Leid anderer, bis hin zu seinen liebenswürdig-kauzigen Seiten – so sehr in Einklang sind. Und entsprechend erfahrungsgesättigt und lebensdurchtränkt sind seine Gedanken. Selbst dann noch, wenn man glaubt, ihm entschieden widersprechen zu müssen, wird man von ihm lernen. Und selbst sein allseits bekannter Pessimismus erweist sich als wirksames Antidot gegen den gerade heutzutage herrschenden Terror des „positiven Denkens".

So soll dieser kleine Auswahlband nicht nur das Lesevergnügen beflügeln, sondern mit Schopenhauer verführen zu einem philosophischen Leben und zu gelebter Philosophie überhaupt.

Bruno Kern

Über Philosophie und ihre Methode

§ 1 Der Grund und Boden, auf dem alle unsere Erkenntnisse und Wissenschaften ruhen, ist das Unerklärliche. Auf dieses führt daher jede Erklärung, mittels mehr oder weniger Mittelglieder, zurück; wie auf dem Meer das Senkblei den Grund bald in größerer, bald in geringerer Tiefe findet, ihn jedoch überall zuletzt erreichen muss. Dieses Unerklärliche fällt der Metaphysik anheim.

§ 3 Zum Philosophieren sind die zwei ersten Erfordernisse diese: erstlich, dass man den Mut habe, keine Frage auf dem Herzen zu behalten; und zweitens, dass man alles das, was *sich von selbst versteht*, sich zum deutlichsten Bewusstsein bringe, um es als Problem aufzufassen. Endlich auch muss, um eigentlich zu philosophieren, der Geist wahrhaftig müßig sein: Er darf keine Zwecke verfolgen und also nicht vom Willen gelenkt werden, sondern muss sich ungeteilt der Belehrung hingeben, welche die anschauliche Welt und das eigene Bewusstsein ihm erteilen. –

Philosophieprofessoren hingegen sind auf ihren persönlichen Nutzen und Vorteil und was dahin führt bedacht: Da liegt ihr Ernst. Darum sehen sie so viele deutliche Dinge gar nicht, ja kommen nicht ein einziges Mal, auch nur über die Probleme der Philosophie, zur Besinnung.

§ 4 Der *Dichter* bringt Bilder des Lebens, menschliche Charaktere und Situationen vor die Fantasie, setzt das alles in Bewegung und überlässt nun jedem, bei diesen Bildern so weit zu denken, wie seine Geisteskraft reicht. Deshalb kann er Menschen von den verschiedensten Fähigkeiten, ja Toren und Weisen zugleich genügen. Der *Philosoph* hingegen bringt nicht in jener Weise das Leben selbst, sondern die fertigen, von ihm daraus abstrahierten Gedanken, und fordert nun, dass sein Leser ebenso und ebenso weit denke, wie er selbst. Der Dichter ist demnach dem zu vergleichen, der die Blumen, der Philosoph dem, der die Quintessenz derselben bringt. […]

§ 5 Der philosophische Schriftsteller ist der Führer und sein Leser der Wanderer. Sollen sie zusammen ankommen, so müssen sie, vor allen Dingen, zusammen ausgehen: Das heißt, der Autor muss seinen Leser aufnehmen auf einem Standpunkt, den sie sicherlich gemein haben: Dies aber kann kein anderer sein als der des uns allen gemeinsamen empirischen Bewusstseins. Hier also fasse er ihn fest an der Hand und sehe nun, wie hoch über die Wolken hinaus er, auf dem Bergespfade, Schritt für Schritt, mit ihm gelangen könne. So hat es auch noch *Kant* gemacht: Er geht vom ganz gemeinen Bewusstsein, sowohl des eigenen Selbst als auch der andern Dinge, aus. – Wie verkehrt ist es hingegen, den Ausgang nehmen zu wollen vom Standpunkte einer angeblichen intellektualen Anschauung hyperphysischer Verhältnisse, oder gar Vorgänge, oder auch einer das Übersinnliche vernehmenden Vernunft. Denn das alles heißt vom Standpunkte nicht unmittelbar mitteilbarer Erkenntnisse ausgehen, wo daher, schon beim Ausgange selbst, der Leser nie weiß, ob er bei seinem Autor stehe oder meilenweit von ihm.

§ 7 Weder unsere Kenntnisse noch unsere Einsichten werden jemals durch Vergleichen und Diskutieren des von andern Gesagten sonderlich vermehrt werden; denn das ist immer nur, wie wenn man Wasser aus seinem Gefäß in ein anderes gießt. Nur durch eigene Betrachtung der Dinge selbst können Einsicht und Kenntnis wirklich bereichert werden: Denn sie allein ist die stets bereite und stets naheliegende lebendige Quelle. Demnach ist es seltsam anzusehen, wie seinwollende Philosophen stets auf dem ersteren Wege beschäftigt sind und den andern gar nicht zu kennen scheinen, wie sie immer es vorhaben mit dem, was dieser gesagt hat und was wohl jener gemeint haben mag, sodass sie gleichsam stets von Neuem alte Gefäße umstülpen, um zu sehen, ob nicht irgendein Tröpfchen darin zurückgeblieben sei, während die lebendige Quelle vernachlässigt zu ihren Füßen fließt. Nichts verrät so sehr wie dieses ihre Unfähigkeit und zeiht ihre angenommene Miene von Wichtigkeit, Tiefsinn und Originalität der Lüge.

§ 11 [...] Das, *was man weiß*, hat doppelten Wert, wenn man zugleich das, *was man nicht weiß*, nicht zu wissen eingesteht. Denn dadurch wird Ersteres von dem Verdacht frei, dem man es aussetzt, wenn man, wie zum Beispiel die Schellingianer, auch das, was man nicht weiß, zu wissen vorgibt.

§ 14 [...] Die Religionen haben sich der metaphysischen Anlage des Menschen bemächtigt, indem sie teils solche durch frühzeitiges Einprägen ihrer Dogmen lähmen, teils alle freien und unbefangenen Äußerungen derselben verbieten und verpönen, sodass dem Menschen über die wichtigsten und interessantesten Angelegenheiten, über sein Dasein selbst, das freie Forschen teils direkt verboten, teils indirekt gehindert, teils subjektiv durch jene Lähmung unmöglich gemacht wird, und dergestalt die erhabenste seiner Anlagen in Fesseln liegt.

§ 15 Um uns gegen fremde, der unsrigen entgegengesetzte Ansichten tolerant und beim Widerspruch geduldig zu machen, ist vielleicht nichts wirksamer als die Erinnerung, wie häufig wir selbst über denselben Gegenstand sukzessive ganz entgegengesetzte Meinungen gehegt und solche, bisweilen sogar in sehr kurzer Zeit, wiederholt gewechselt, bald die eine Meinung, bald wieder ihr Gegenteil, verworfen und wieder aufgenommen haben; je nachdem der Gegenstand bald in diesem, bald in jenem Licht sich uns darstellte.

Desgleichen ist, um unserem Widerspruche gegen die Meinung eines anderen bei diesem Eingang zu verschaffen, nichts geeigneter als die Rede: „Dasselbe habe ich früher auch gemeint, aber …" usw.

§ 16 Eine Irrlehre, sei sie aus falscher Ansicht gefasst oder aus schlechter Absicht entsprungen, ist stets nur auf spezielle Umstände, folglich auf eine gewisse Zeit berechnet; die Wahrheit allein auf alle Zeit, wenn sie auch eine Weile verkannt oder erstickt werden kann. Denn sobald nur ein wenig Licht von innen oder ein wenig Luft von außen kommt, findet sich jemand ein, sie zu verkündigen oder zu verteidigen. Weil sie nämlich nicht aus der Absicht irgendeiner Partei entsprungen ist, so wird zu jeder Zeit jeder vorzügliche Kopf ihr Verfechter. Denn sie gleicht dem Magneten, der stets und überall nach einem absolut bestimmten Weltpunkte weist; die Irrlehre hingegen einer Statue, die mit der Hand auf eine andere Statue hinweist, von welcher einmal getrennt sie alle Bedeutung verloren hat.

§ 17 Was der Auffindung der Wahrheit am meisten entgegensteht, ist nicht der aus den Dingen hervorgehende und zum Irrtum verleitende falsche Schein, noch auch unmittelbar die Schwäche des Verstandes, sondern es ist die vorgefasste Meinung, das Vorurteil, welches, als ein After-Apriori, der Wahrheit sich entgegenstellt und dann einem widrigen Winde gleicht, der das Schiff von der Richtung, in der allein das Land liegt, zurücktreibt, sodass jetzt Steuer und Segel vergeblich tätig sind.

EINIGE BETRACHTUNGEN ÜBER DEN GEGENSATZ DES DINGES AN SICH UND DER ERSCHEINUNG

§ 61 *Ding an sich* bedeutet das unabhängig von unserer Wahrnehmung Vorhandene, also das eigentlich Seiende. Dies war dem Demokritos die geformte Materie; dasselbe war es im Grunde noch dem Locke; *Kanten* war es = x; mir *Wille*. [...]

§ 62 Wie wir von der Erdkugel bloß die Oberfläche, nicht aber die große, solide Masse des Innern kennen, so erkennen wir empirisch von den Dingen und der Welt überhaupt nichts als nur ihre *Erscheinung*, das ist die Oberfläche. Die genaue Kenntnis dieser ist die Physik, im weitesten Sinne genommen; dass aber diese Oberfläche ein Inneres, welches nicht bloß Fläche sei, sondern kubischen Gehalt habe, voraussetzt, ist, nebst Schlüssen auf die Beschaffenheit desselben, das Thema der *Metaphysik*. Nach den Gesetzen der bloßen Erscheinung das Wesen an sich selbst der Dinge konstruieren zu wollen ist ein Unternehmen dem zu vergleichen, dass einer aus bloßen Flächen und deren Gesetzen den stereometrischen Körper konstruieren wollte. Jede *transzendente dogmatische* Philosophie ist ein Versuch, das Ding an sich nach den Gesetzen der *Erscheinung* zu konstruieren, welcher ausfällt wie der, zwei absolut unähnliche Figuren durch einander zu decken, welches stets misslingt, indem, wie man sie auch wenden mag, bald diese, bald jene Ecke hervorragt.

§ 63 Weil jegliches Wesen in der Natur zugleich *Erscheinung* und *Ding an sich*, oder auch *natura naturata* und *natura naturans*[3], ist, so ist es demgemäß einer zweifachen Erklärung fähig,

---

[3] Etwa: gewirkte (geschaffene) und wirkende (schaffende) Natur.

einer *physischen* und einer *metaphysischen*. Die physische ist allemal aus der Ursache, die metaphysische allemal aus dem *Willen*; denn dieser ist es, der in der erkenntnislosen Natur sich darstellt als *Naturkraft*, höher hinauf als *Lebenskraft*, im Tier und Mensch aber den Namen *Willen* erhält. [...]

§ 64 Alles *Verstehen* ist ein Akt des *Vorstellens*, bleibt daher wesentlich auf dem Gebiete der Vorstellung. Da nun diese nur Erscheinungen liefert, ist es auf die Erscheinung beschränkt. Wo das *Ding an sich* anfängt, hört die *Erscheinung* auf, folglich auch die Vorstellung, und mit dieser das Verstehen. An dessen Stelle tritt aber hier das *Seiende* selbst, welches sich seiner bewusst wird als Wille. Wäre dieses Sichbewusstwerden ein unmittelbares, so hätten wir eine völlig adäquate Erkenntnis des Dinges an sich. Weil es aber dadurch vermittelt ist, dass der Wille den organischen Leib und, mittels eines Teiles desselben, sich einen Intellekt schafft, dann aber erst durch diesen sich im Selbstbewusstsein als Willen findet und erkennt, so ist diese Erkenntnis des Dinges an sich erstlich durch das darin schon enthaltene Auseinandertreten eines Erkennenden und eines Erkannten und sodann durch die vom zerebralen Selbstbewusstsein unzertrennliche Form der Zeit bedingt, daher also nicht völlig erschöpfend und adäquat. [...]

§ 66 Der Grundcharakter aller Dinge ist Vergänglichkeit. Wir sehen in der Natur alles, vom Metall bis zum Organismus, teils durch sein Dasein selbst, teils durch den Konflikt mit anderen, sich aufreiben und verzehren. Wie könnte dabei die Natur das Erhalten der Formen und Erneuern der Individuen, die zahllose Wiederholung des Lebensprozesses, eine unendliche Zeit hindurch aushalten, ohne zu ermüden, wenn nicht ihr eigener Kern ein Zeitloses und dadurch völlig Unverwüstliches wäre, ein Ding an sich, ganz anderer Art als seine Erscheinungen, ein allem Physischen heterogenes Metaphysisches? – Dieses ist der Wille in uns und in allem.

In jedem Lebewesen ist das ganze *Zentrum der Welt*. Darum ist seine Existenz ihm alles in allem. Darauf beruht auch der *Egoismus*. Zu glauben, der Tod vernichte es, ist höchst lächerlich, da alles Dasein von ihm allein ausgeht. […]

Einige Worte über den Pantheismus

§ 68 Die in jetziger Zeit unter den Philosophieprofessoren geführte Kontroverse zwischen Theismus und Pantheismus könnte man allegorisch und dramatisch darstellen durch einen Dialog, der im Parterre eines Schauspielhauses in Mailand während der Vorstellung geführt würde. Der eine Kollokutor, überzeugt, sich in dem großen, berühmten Puppenspieltheater des Girolamo zu befinden, bewundert die Kunst, mit welcher der Direktor die Puppen verfertigt hat und das Spiel lenkt. Der andere sagt dagegen: Ganz und gar nicht! Sondern man befände sich im Teatro della Scala, der Direktor und seine Gesellen spielten selbst mit und steckten in den Personen, die man da vor sich sehe, wirklich drin; auch der Dichter spiele mit.

Ergötzlich aber ist es zu sehen, wie die Philosophieprofessoren mit dem Pantheismus wie mit einer verbotenen Frucht liebäugeln und nicht das Herz haben, zuzugreifen. Ihr Verhalten dabei habe ich bereits in der Abhandlung über die Universitätsphilosophie geschildert, wobei wir an den Weber Bottom im Johannisnachtstraum erinnert wurden. – Ach, es ist doch ein saures Stück Brot, das Philosophieprofessorenbrot! Erst muss man nach der Pfeife des Ministers tanzen, und wenn man nun das recht zierlich geleistet hat, da kann man draußen noch angefallen werden von den wilden Menschenfressern, den wirklichen Philosophen: Die sind imstande, einen einzustecken und mitzunehmen, um ihn als Taschenpulcinello zur Aufheiterung bei ihren Darstellungen gelegentlich hervorzuziehen.

§ 69 Gegen den Pantheismus habe ich hauptsächlich nur dieses: dass er nichts besagt. Die Welt Gott nennen heißt nicht, sie erklären, sondern nur die Sprache mit einem überflüssigen Synonym des Wortes Welt bereichern. Ob ihr sagt „Die Welt ist Gott" oder „Die Welt ist die Welt" läuft auf eins hinaus. Zwar wenn man dabei von Gott, als wäre er das Gegebene und zu Erklärende ausgeht, also sagt: „Gott ist die Welt", da gibt es gewissermaßen eine Erklärung, sofern es doch *ignotum* auf *notius*[4] zurückführt; doch ist es nur eine Worterklärung. Allein wenn man von dem wirklich Gegebenen, also der Welt, ausgeht und sagt „Die Welt ist Gott", da liegt am Tage, dass damit nichts gesagt oder wenigstens *ignotum per ignotius*[5] erklärt ist.

Daher eben setzt der Pantheismus den Theismus als ihm vorhergegangen voraus: Denn nur sofern man von einem Gott ausgeht, also ihn schon vorweg hat und mit ihm vertraut ist, kann man zuletzt dahin kommen, ihn mit der Welt zu identifizieren, eigentlich, um ihn auf eine anständige Art zu beseitigen. Man ist nämlich nicht unbefangen von der Welt als dem zu Erklärenden ausgegangen, sondern von Gott als dem Gegebenen. Nachdem man aber bald mit diesem nicht mehr wusste wohin, da hat die Welt seine Rolle übernehmen sollen. Dies ist der Ursprung des Pantheismus. Denn von vornherein und unbefangenerweise diese Welt für einen Gott anzusehen wird keinem einfallen. Es müsste ja offenbar ein übel beratener Gott sein, der sich keinen besseren Spaß zu machen verstände, als sich in eine Welt wie die vorliegende zu verwandeln, in so eine hungrige Welt, um daselbst in Gestalt zahlloser Millionen lebender, aber geängstigter und gequälter Wesen, die sämtlich nur dadurch eine Weile bestehen, dass eines das andere auffrisst, Jammer, Not und Tod ohne Maß und Ziel zu erdulden, zum Beispiel in Gestalt von sechs Millionen Negersklaven, täg-

---

[4]   Das Unbekannte auf Bekannteres.
[5]   Das Unbekannte durch das noch Unbekanntere.

lich, im Durchschnitt, sechzig Millionen Peitschenhiebe auf bloßem Leibe zu empfangen und in Gestalt von drei Millionen europäischer Weber unter Hunger und Kummer in dumpfigen Kammern oder trostlosen Fabriksälen schwach zu vegetieren und dergleichen mehr. Das wäre mir eine Kurzweil für einen Gott, der als solcher es doch ganz anders gewohnt sein müsste!

Demnach ist der vermeintliche große Fortschritt vom Theismus zum Pantheismus, wenn man ihn ernstlich und nicht bloß als maskierte Negation, wie oben angedeutet, nimmt, ein Übergang vom Unerwiesenen und schwer Denkbaren zum geradezu Absurden. Denn so undeutlich, schwankend und verworren der Begriff auch sein mag, den man mit dem Worte Gott verbindet, so sind doch zwei Prädikate davon unzertrennlich: die höchste Macht und die höchste Weisheit. Dass nun ein mit diesen ausgerüstetes Wesen sich selbst in die oben beschriebene Lage versetzt haben sollte, ist geradezu ein absurder Gedanke. Denn unsere Lage in der Welt ist offenbar eine solche, in die sich kein intelligentes, geschweige denn ein allweises Wesen versetzen wird. – Pantheismus ist notwendig Optimismus und daher falsch. Der Theismus hingegen ist bloß unerwiesen, und wenn es auch schwer zu denken fällt, dass die unendliche Welt das Werk eines persönlichen, mithin individuellen Wesens, dergleichen wir nur aus der animalischen Natur kennen, sei, so ist es doch nicht geradezu absurd. Denn dass ein allmächtiges und dabei allweises Wesen eine gequälte Welt schaffe, lässt sich immer noch denken, wenngleich wir das Warum dazu nicht kennen. Daher, selbst wenn man demselben auch noch die Eigenschaft der höchsten Güte beilegt, die Unerforschlichkeit seines Ratschlusses die Ausflucht wird, durch welche eine solche Lehre immer noch dem Vorwurf der Absurdität entgeht. Aber bei der Annahme des Pantheismus ist der schaffende Gott selbst der endlos Gequälte und, auf dieser kleinen Erde allein, in jeder Sekunde einmal Sterbende, und solches ist er aus freien Stücken. Das ist absurd.

Viel richtiger wäre es, die Welt mit dem Teufel zu identifizieren. [...]

Offenbar geben diese Pantheisten dem *Sansara*[6] den Namen *Gott*. Denselben Namen geben hingegen die Mystiker dem *Nirwana*. Von diesem erzählen sie jedoch mehr als sie wissen können, welches die *Buddhisten* nicht tun, daher ihr Nirwana eben ein relatives Nichts ist. – In seinem eigentlichen und richtigen Sinn gebrauchen das Wort Gott die Synagoge, die Kirche und der Islam. Wenn unter den *Theisten* welche sind, die unter dem Namen Gott das *Nirwana* verstehen, so wollen wir um den Namen mit ihnen nicht streiten. Die *Mystiker* sind es, welche es so zu verstehen scheinen. Re intellecta, in verbis simus faciles.[7]

Der heutzutage oft gehörte Ausdruck „Die Welt ist Selbstzweck" lässt unentschieden, ob man sie durch Pantheismus oder durch bloßen Fatalismus erkläre, gestattet aber jedenfalls nur eine physische, keine moralische Bedeutung derselben, indem, bei Annahme dieser letzteren, die Welt allemal sich als Mittel darstellt zu einem höheren Zweck. Aber eben jener Gedanke, dass die Welt bloß eine physische, keine moralische Bedeutung habe, ist der heilloseste Irrtum, entsprungen aus der größten Perversität des Geistes.

---

6 Immerwährender Zyklus des Seins bzw. Kreislauf der Wiedergeburten in den indischen Religionen (Hinduismus, Jainismus, Buddhismus).

7 Etwa: Wenn das Verständnis der Sache gegeben ist, dann mögen wir nicht um Worte streiten.

Zur Philosophie und Wissenschaft der Natur

§ 70 Die *Natur* ist der *Wille*, sofern er sich selbst außer sich erblickt, wozu sein Standpunkt ein individueller Intellekt sein muss. Dieser ist ebenfalls sein Produkt.

§ 72 Wenn man betrachtet, wie die Natur, während sie um die Individuen wenig besorgt ist, mit so übertriebener Sorgfalt über die Erhaltung der Gattung wacht, mittels der Allgewalt des Geschlechtstriebes und vermöge des unberechenbaren Überschusses der Keime, welcher, bei Pflanzen, Fischen, Insekten, das Individuum oft mit mehreren Hunderttausenden zu ersetzen bereit ist, so kommt man auf die Vermutung, dass, wie der Natur die Hervorbringung des Individuums ein Leichtes ist, so die ursprüngliche Hervorbringung einer Gattung ihr äußerst schwer werde. Demgemäß sehen wir diese nie neu erstehen […] und die höchst wenigen untergegangenen Species der jetzt die Erde bevölkernden Fauna […] vermag die Natur, obwohl sie in ihrem Plan gelegen haben, nicht wieder zu ersetzen – daher wir stehen und uns wundern, dass es unserer Gier gelungen ist, ihr einen solchen Streich zu spielen.

§ 74 Unter philosophisch rohen Leuten, denen alle die beizuzählen sind, welche die kantische Philosophie nicht studiert haben […], welche getrost auf der Grundlage ihres Katechismus philosophieren, besteht noch der alte, grundsätzliche Gegensatz zwischen *Geist und Materie.* […]
In Wahrheit aber gibt es weder Geist noch Materie, wohl aber viel Unsinn und Hirngespinste in der Welt. Das Streben der Schwere im Stein ist geradeso unerklärlich wie das Denken

im Menschlichen Gehirn, würde also aus diesem Grund auch auf einen Geist im Stein schließen lassen. Ich würde daher zu jenen Disputanten sagen: Ihr glaubt eine tote, das heißt vollkommen passive und eigenschaftslose Materie zu erkennen, weil ihr alles das wirklich zu verstehen wähnt, was ihr auf *mechanische* Wirkung zurückzuführen vermögt. Aber wie die physikalischen und chemischen Wirkungen euch eigenständig unbegreiflich sind, solange ihr sie nicht auf *mechanische* zurückzuführen wisst, geradeso sind diese *mechanischen* Wirkungen selbst, also die Äußerungen, welche aus der Schwere, der Undurchdringlichkeit, der Kohäsion, der Härte, der Starrheit, der Elastizität, der Fluidität usw. hervorgehen, ebenso geheimnisvoll wie jene, ja, wie das Denken im Menschenkopf. Kann die Materie, ihr wisst nicht warum, zur Erde fallen, so kann sie auch, ihr wisst nicht warum, denken. Das wirklich rein und durch und durch, bis auf das Letzte, Verständliche in der Mechanik geht nicht weiter als das rein Mathematische in jeder Erklärung, ist also beschränkt auf Bestimmungen des Raumes und der Zeit. Nun sind aber diese beiden, samt ihrer ganzen Gesetzlichkeit, uns a priori bewusst, sind daher bloße Formen unseres Erkennens und gehören ganz allein unseren Vorstellungen an. Ihre Bestimmungen sind also im Grunde subjektiv und betreffen nicht das rein Objektive, das von unserer Erkenntnis Unabhängige, das Ding an sich selbst. Sobald wir aber selbst in der Mechanik weiter gehen als das rein Mathematische, sobald wir zur Undurchdringlichkeit, zur Schwere, zur Starrheit oder Fluidität oder Gaseität kommen, stehen wir schon bei Äußerungen, die uns ebenso geheimnisvoll sind wie das Denken und Wollen des Menschen, also beim direkt Unergründlichen: Denn ein solches ist jede Naturkraft. Wo bleibt nun also jene *Materie*, die ihr so intim kennt und versteht, dass ihr alles aus ihr erklären, alles auf sie zurückführen wollt? – Rein begreiflich und ganz ergründlich ist immer nur das Mathematische, weil es das im Subjekt, in unserem eigenen Vorstellungsapparat Wurzelnde ist. Sobald aber etwas eigentlich Objektives auftritt, etwas a priori nicht Bestimmbares, da ist es auch sofort in letzter Instanz unergründlich. Was überhaupt Sinne und Verstand wahrnehmen, ist eine ganz oberflächliche Erscheinung, die das wahre und innere Wesen der Dinge unberührt lässt. Das wollte *Kant*. Nehmt ihr nun im Menschenkopf, als *Deus ex machina*, einen Geist an, so müsst ihr, wie gesagt, auch jedem Stein einen Geist zugestehen. Kann hingegen eure tote und rein passive *Materie* als Schwere streben oder als Elektrizität anziehen, abstoßen und Funken schlagen, so kann sie auch als Gehirnbrei denken. Kurz, jedem angeblichen Geist kann man Materie, aber auch jeder Materie Geist unterlegen, woraus sich ergibt, dass der Gegensatz falsch ist. [...]

§ 93 Das *Leben* lässt sich definieren als der Zustand eines Körpers, darin er, unter beständigem Wechsel der Materie, seine ihm wesentliche (substanzielle) Form allezeit behält. – Wollte man mir einwenden, dass auch ein Wasserstrudel oder Wasserfall seine Form unter stetem Wechsel der Materie behält, so wäre zu antworten, dass bei diesen die Form durchaus nicht wesentlich, sondern, allgemeine Naturgesetze befolgend, durch und durch zufällig ist, indem sie von äußeren Umständen abhängt, durch deren Veränderung man auch die Form beliebig ändern kann, ohne dadurch das Wesentliche anzutasten.

§ 99 Mir hat die Ansicht gar sehr eingeleuchtet, dass die akuten Krankheiten, von einigen Ausnahmen abgesehen, nichts anderes sind als Heilungsprozesse, welche die Natur selbst einleitet, zur Abstellung irgendeiner im Organismus eingerissenen Unordnung; zu welchem Zwecke nun die *vis naturae medicatrix*[8], mit diktatorischer Gewalt bekleidet, außerordentliche Maßregeln ergreift, und diese machen die fühlbare Krankheit aus. Den einfachsten Typus dieses so allgemeinen

---

[8]   Die heilende Kraft der Natur.

Hergangs liefert uns der Schnupfen. Durch Erkältung ist die Tätigkeit der äußeren Haut paralysiert und hierdurch die so mächtige Exkretion mittels der Exhalation[9] aufgehoben, welches den Tod des Individuums herbeiführen könnte. Da tritt alsbald die innere Haut, die Schleimhaut, für jene äußere vikarierend[10] ein: Hierin besteht der Schnupfen, eine Krankheit. Offenbar ist aber diese bloß das Heilmittel des eigentlichen, aber nicht fühlbaren Übels, des Stillstandes der Hautfunktion. Diese Krankheit, der Schnupfen, durchläuft nun dieselben Stadien wie jede andere: den Eintritt, die Steigerung, die Akme[11] und die Abnahme. Anfangs akut, wird sie allmählich chronisch und hält nun als solche an, bis das fundamentale, aber selbst nicht fühlbare Übel, die Lähmung der Hautfunktion, vorüber ist. Daher ist es lebensgefährlich, den Schnupfen zurückzutreiben. Derselbe Hergang macht das Wesen der allermeisten Krankheiten aus, und diese sind eigentlich nur das Medikament der *vis naturae medicatrix*. […]

---

9   Ausscheidung mittels Ausdünstung.
10   Stellvertretend.
11   Höhepunkt.

Zur Ethik

§ 108 Physikalische Wahrheiten können viel äußere Bedeutsamkeit haben, aber die innere fehlt ihnen. Diese ist das Vorrecht der intellektuellen und moralischen Wahrheiten, welche die höchsten Stufen der Objektivation des Willens zum Thema haben, während jene die niedrigsten. Zum Beispiel wenn wir Gewissheit darüber erlangen, dass, wie man jetzt nur mutmaßt, die Sonne am Äquator Thermoelektrizität, diese den Magnetismus der Erde und dieser das Polarlicht verursacht, so wären diese Wahrheiten von vieler äußeren Bedeutsamkeit, an innerer aber arm. Beispiele von dieser letzteren hingegen liefern nicht nur alle hohen und wahren Philosopheme, sondern auch die Katastrophe jedes guten Trauerspiels, ja auch die Beobachtung menschlichen Handelns in den extremen Äußerungen der Moralität und Immoralität desselben, also der Bosheit und Güte: Denn in allen diesen tritt das Wesen hervor, dessen Erscheinung die Welt ist, und legt, auf der höchsten Stufe der Objektivation, sein Inneres zutage.

§ 109 Dass die Welt bloß eine physische, keine moralische Bedeutung habe, ist der größte, der verderblichste, der fundamentale Irrtum, die eigentliche *Perversität* der Gesinnung, und ist wohl im Grunde auch das, was der Glaube als den Antichrist personifiziert hat. Dennoch und allen Religionen zum Trotz, welche sämtlich das Gegenteil davon behaupten und solches in ihrer mythischen Weise zu begründen suchen, stirbt jener Grundirrtum nie ganz auf Erden aus, sondern erhebt immer, von Zeit zu Zeit, sein Haupt von Neuem, bis ihn die allgemeine Indignation abermals zwingt, sich zu verstecken. […]

§ 114 Immer von Neuem fühlt sich, wer unter Menschen lebt, zu der Annahme versucht, dass moralische Schlechtigkeit und intellektuelle Unfähigkeit eng zusammenhängen, indem sie direkt einer Wurzel entsprössen. [...] Jener Anschein, der bloß daraus entspringt, dass man beide so gar oft beisammen findet, ist gänzlich aus dem sehr häufigen Vorkommen beider zu erklären, infolgedessen ihnen leicht begegnet, unter einem Dache wohnen zu müssen. Dabei ist aber nicht zu leugnen, dass sie einander zu gegenseitigem Vorteil in die Hände spielen, wodurch denn die so unerfreuliche Erscheinung zustande kommt, welche nur zu viele Menschen darbieten, und die Welt geht, wie sie geht. Namentlich ist der Unverstand dem deutlichen Sichtbarwerden der Falschheit, Niederträchtigkeit und Bosheit günstig, während die Klugheit diese besser zu verhüllen versteht. Und wie oft hindert andererseits die Perversität des Herzens den Menschen, Wahrheiten einzusehen, denen sein Verstand ganz wohl gewachsen wäre.

Jedoch, es erhebe sich keiner. Wie jeder, auch das größte Genie, in irgendeiner Sphäre der Erkenntnis entschieden borniert ist und dadurch seine Stammverwandtschaft mit dem wesentlich verkehrten und absurden Menschengeschlecht beurkundet, so trägt auch jeder moralisch etwas durchaus Schlechtes in sich, und selbst der beste, ja edelste Charakter wird uns bisweilen durch einzelne Züge von Schlechtigkeit überraschen, gleichsam, um seine Verwandtschaft mit dem Menschengeschlecht, unter welchem jeder Grad von Nichtswürdigkeit, ja Grausamkeit, vorkommt, anzuerkennen. Denn gerade kraft dieses Schlechten in ihm, dieses bösen Prinzips, hat er ein Mensch werden müssen. Und aus demselben Grunde ist überhaupt die Welt das, als was mein treuer Spiegel derselben sie gezeigt hat. [...]

Daher eben kommen die vierbeinigen Freundschaften so vieler Menschen besserer Art: Denn freilich, woran sollte man sich von der endlosen Verstellung, Falschheit und Heimtücke der Menschen erholen, wenn die Hunde nicht wären, in deren ehrliches Gesicht man ohne Misstrauen schauen kann? – Ist doch unsere zivilisierte Welt nur eine große Maskerade. Man trifft daselbst Ritter, Pfaffen, Doktoren, Advokaten, Priester, Philosophen und was nicht alles an! Aber sie sind nicht, was sie vorstellen: Sie sind bloße Masken, unter welchen, in der Regel, Geldspekulanten (*moneymakers*) stecken. Doch nimmt auch wohl einer die Maske des Rechts, die er sich dazu beim Advokaten geborgt hat, vor, bloß um auf einen anderen tüchtig losschlagen zu können; wieder einer hat, zum selben Zweck, die des öffentlichen Wohls und des Patriotismus gewählt; ein Dritter die der Religion, der Glaubensreinigkeit. Zu allerlei Zwecken hat schon mancher die Maske der Philosophie, wohl auch der Philanthropie und dergleichen mehr vorgesteckt. [...]

Der Mensch ist im Grunde ein wildes, entsetzliches Tier. Wir kennen es bloß im Zustand der Bändigung und Zähmung, welche Zivilisation heißt. Daher erschrecken uns die gelegentlichen Ausbrüche seiner Natur. Aber wo und wann einmal Schloss und Kette der gesetzlichen Ordnung abgefallen und Anarchie eintritt, da zeigt sich, was er ist. – Wer inzwischen auch ohne solche Gelegenheit sich darüber aufklären möchte, der kann die Überzeugung, dass der Mensch an Grausamkeit und Unerbittlichkeit keinem Tiger und keiner Hyäne nachsteht, aus hundert alten und neuen Berichten schöpfen. [...]

Gobineau (*des races humaines*[12]) hat den Menschen *l'animal méchant par excellence*[13] genannt, welches die Leute übel nehmen, weil sie sich getroffen fühlen. Er hat aber recht. Denn der Mensch ist das einzige Tier, welches anderen Schmerz verursacht ohne weiteren Zweck als eben diesen. Die anderen Tiere tun es nie anders, als um ihren Hunger zu befriedigen, oder im Zorn des Kampfes. Wenn dem Tiger nachgesagt wird, er töte mehr, als er auffresse, so würgt er alles doch nur in der Absicht, es zu fressen, und es liegt bloß daran, dass, wie die französische

---

[12] Über die menschlichen Rassen.
[13] Das schlechterdings böse Tier.

Redensart es ausdrückt, *ses yeux sont plus grands que son esto-mac*[14]. Kein Tier jemals quält, bloß um zu quälen, aber dies tut der Mensch, und dies macht den *teuflischen* Charakter aus, der weit ärger ist als der bloß tierische. Von der Sache im Großen ist schon geredet, aber auch im Kleinen wird sie deutlich, wo denn jeder sie zu beobachten täglich Gelegenheit hat. Zum Beispiel wenn zwei junge Hunde miteinander spielen, so fried-lich und lieblich anzusehen – und ein Kind von drei bis vier Jahren kommt dazu, so wird es sogleich mit seiner Peitsche oder seinem Stock heftig dareinschlagen, fast unausbleiblich, und dadurch zeigen, dass es schon jetzt *l'animal méchant par excellence* ist. Sogar auch die so häufige zwecklose Neckerei und der Schabernack entspringen aus dieser Quelle. Zum Beispiel hat man etwa über irgendeine Störung oder sonstige kleine Unannehmlichkeit sein Missbehagen geäußert, so wird es nicht an Leuten fehlen, die sie gerade deshalb zuwege bringen: *l'animal méchant par excellence*! Dies ist so gewiss, dass man sich hüten soll, sein Missfallen an kleinen Übelständen zu äu-ßern, sogar auch umgekehrt sein Wohlgefallen an irgendeiner Kleinigkeit. Denn im letzteren Fall werden sie es machen wie jener Gefängniswärter, der, als er entdeckte, dass sein Gefange-ner das mühsame Kunststück vollbracht hatte, eine Spinne zahm zu machen, und an ihr seine Freude hatte, sie sogleich zertrat: *l'animal méchant par excellence*! Darum fürchten alle Tiere instinktmäßig den Anblick, ja die Spur des Menschen – des *animal méchant par excellence*. Der Instinkt trügt auch hier nicht: Denn allein der Mensch macht Jagd auf das Wild, wel-ches ihm weder nützt noch schadet. […]

Wirklich also liegt im Herzen eines jeden ein wildes Tier, das nur auf Gelegenheit wartet, um zu toben und zu rasen, indem es andern wehe tun und, wenn sie gar ihm den Weg versperren, sie vernichten möchte: Es ist eben das, woraus alle Kampf- und Kriegslust entspringt; und eben das, welches zu

---

[14] Dass seine Augen größer sind als sein Magen.

bändigen und einigermaßen in Schranken zu halten die Erkenntnis, sein beigegebener Wächter, stets vollauf zu tun hat. Immerhin mag man es das radikale Böse nennen, womit wenigstens denen, welchen ein Wort die Stelle einer Erklärung vertritt, gedient sein wird. Ich aber sage: Es ist der Wille zum Leben, der, durch das stete Leiden des Daseins mehr und mehr erbittert, seine eigene Qual durch das Verursachen der Fremden zu erleichtern sucht. Aber auf diesem Wege entwickelt er sich allmählich zur eigentlichen Bosheit und Grausamkeit. Auch kann man hierzu die Bemerkung machen, dass, wie – nach Kant – die Materie nur durch den Antagonismus der Expansions- und Kontraktionskraft besteht, so die menschliche Gesellschaft nur durch den des Hasses, oder Zorns, und der Furcht. Denn die Gehässigkeit unserer Natur würde vielleicht jeden einmal zum Mörder machen, wenn ihr nicht eine gehörige Dosis Furcht beigegeben wäre, um sie in Schranken zu halten; und wiederum diese allein würde ihn zum Spott und Spiel jedes Buben machen, wenn nicht in ihm der Zorn bereit läge und Wache hielte.

Der schlechteste Zug in der menschlichen Natur bleibt aber die Schadenfreude, da sie der Grausamkeit eng verwandt ist, ja eigentlich von dieser sich nur wie Theorie und Praxis unterscheidet, überhaupt aber da eintritt, wo das Mitleid seine Stelle finden sollte, welches, als ihr Gegenteil, die wahre Quelle aller echten Gerechtigkeit und Menschenliebe ist. In einem andern Sinne dem Mitleid entgegengesetzt ist der *Neid*, sofern er nämlich durch den entgegengesetzten Anlass hervorgerufen wird: Sein Gegensatz zum Mitleid beruht also zunächst auf dem Anlass, und erst infolge hiervon zeigt er sich auch in der Empfindung selbst. Daher eben ist der Neid, wenngleich verwerflich, doch noch einer Entschuldigung fähig und überhaupt menschlich, während die Schadenfreude teuflisch und ihr Hohn das Gelächter der Hölle ist. Sie tritt, wie gesagt, gerade da ein, wo Mitleid eintreten sollte; der Neid hingegen doch nur da, wo kein Anlass zu diesem, vielmehr zum Gegenteil desselben vorhanden ist; und eben als dieses Gegenteil entsteht er in der menschlichen Brust, mithin so weit noch als eine menschliche Gesinnung: Ja, ich befürchte, dass keiner ganz frei davon befunden werden wird. Denn dass der Mensch beim Anblick fremden Genusses und Besitzes den eigenen Mangel bitterer fühle, ist natürlich, ja unvermeidlich; nur sollte dies nicht seinen Hass gegen den Beglückteren erregen. Gerade hierin aber besteht der eigentliche Neid. […]

Wenn man nun aber, wie hier geschehen, die menschliche *Schlechtigkeit* ins Auge gefasst hat und sich darüber entsetzen möchte, so muss man alsbald den Blick auf den *Jammer* des menschlichen Daseins werfen und wieder ebenso, wenn man vor diesem erschrocken ist, auf jene: Da wird man finden, dass sie einander das Gleichgewicht halten, und wird der ewigen Gerechtigkeit inne werden, indem man merkt, dass die Welt selbst das Weltgericht ist, und zu begreifen anfängt, warum alles, was lebt, sein Dasein abbüßen muss, erst im Leben und dann im Sterben. So nämlich tritt das *malum poenae*[15] mit dem *malum culpae*[16] in Übereinstimmung. […]

§ 117 Man hat die Frage aufgeworfen, was zwei Menschen, die in der Wildnis, jeder ganz einsam, aufgewachsen wären und sich zum ersten Male begegneten, tun würden: Hobbes, Pufendorf, Rousseau haben sie entgegengesetzt beantwortet. Pufendorf glaubte, sie würden sich liebevoll entgegenkommen; Hobbes hingegen, feindlich; Rousseau, schweigend aneinander vorübergehen. Alle drei haben recht und unrecht: Gerade da würde sich die unermessliche Verschiedenheit angeborener moralischer Disposition der Individuen in so hellem Lichte zeigen, dass hier gleichsam der Maßstab und Gradmesser derselben wäre. Denn Menschen gibt es, in denen der Anblick des Menschen sogleich ein feindliches Gefühl aufregt, indem ihr

---

[15] Strafübel.
[16] Schuldübel.

Innerstes den Ausspruch tut: „Nicht-Ich!" – Und andere gibt es, bei welchen jener Anblick sogleich freundliche Teilnahme erregt; ihr Inneres sagt: „Ich noch einmal!" – Dazwischen liegen unzählige Grade. – Aber dass wir in diesem Hauptpunkt so grundverschieden sind, ist ein großes Problem, ja ein Mysterium. [...]

§ 119 Das Beispiel wirkt zunächst entweder hemmend oder befördernd. Ersteres, wenn es den Menschen bestimmt, zu unterlassen, was er gern täte. Er sieht nämlich, dass andere es nicht tun, woraus er im Allgemeinen abnimmt, dass es nicht rätlich sei, also wohl der eigenen Person, oder dem Eigentum, oder der Ehre Gefahr bringen müsse: Daran hält er sich und sieht sich gern eigener Untersuchung überhoben. Oder er sieht gar, dass ein anderer, der es getan hat, schlimme Folgen davonträgt: Dies ist das abschreckende Bespiel. Befördernd hingegen wirkt das Beispiel auf zweierlei Weise: nämlich entweder so, dass es den Menschen bewegt, zu tun, was er gern unterließe, jedoch ebenfalls besorgt, dass die Unterlassung ihm irgendwelche Gefahr bringen oder ihm in der Meinung anderer schaden könne; oder aber es wirkt so, dass es ihn ermutigt, zu tun, was er gern tut, jedoch bisher aus Furcht vor Gefahr oder Schande unterließ: Dies ist das verführerische Beispiel. Endlich kann auch noch das Beispiel ihn auf etwas bringen, das ihm sonst gar nicht eingefallen wäre. Offenbar wirkt es in diesem Fall zunächst nur auf den Intellekt. Die Wirkung auf den Willen ist dabei sekundär und wird, wenn sie eintritt, durch einen Akt eigener Urteilskraft oder durch Zutrauen auf den, der das Beispiel gibt, vermittelt werden. – Die gesamte, sehr starke Wirkung des Beispiels beruht darauf, dass der Mensch in der Regel zu wenig Urteilskraft, oft auch zu wenig Kenntnis hat, um seinen Weg selbst zu explorieren, daher er gern in die Fußstapfen anderer tritt. Demnach wird jeder dem Einfluss des Beispiels umso mehr offenstehen, je mehr es ihm an jenen beiden Befähigungen gebricht. Diesem

gemäß ist der Leitstern der allermeisten Menschen das Beispiel anderer, und ihr ganzes Tun und Treiben, im Großen wie
im Kleinen, läuft auf bloße Nachahmung zurück: Nicht das
Geringste tun sie aus eigenem Ermessen. Die Ursache hiervon
ist ihre Scheu vor allem und jedem Nachdenken und ihr ge-
rechtes Misstrauen gegen das eigene Urteil. Zugleich zeugt
dieser so auffallend starke Nachahmungstrieb im Menschen
auch von seiner Verwandtschaft mit dem Affen. Nachahmung
und Gewohnheit sind die Triebfedern des allermeisten Tuns
der Menschen. Die Art der Wirkung des Beispiels aber wird
durch den Charakter eines jeden bestimmt: Daher dasselbe
Beispiel auf den einen verführerisch, auf den andern abschre-
ckend wirken kann. Dies zu beobachten geben gewisse gesellschaftliche Unarten, welche, früher nicht vorhanden, allmählich einreißen, uns leicht Gelegenheit. Beim ersten
Wahrnehmen einer solchen wird einer denken: „Pfui, wie lässt
das! Wie egoistisch, wie rücksichtslos! Wahrlich, ich will mich
hüten, je Dergleichen zu tun." Zwanzig andere aber werden
denken: „Aha! Tut der das, darf ich's auch!"

In moralischer Hinsicht kann das Beispiel, eben wie die
Lehre, zwar eine zivile oder legale Besserung befördern, jedoch
nicht die innerliche, welches die eigentliche moralische ist.
Denn es wirkt stets nur als ein persönliches Motiv, folglich
unter Voraussetzung der Empfänglichkeit für solche Art der
Motive. Aber gerade dies, ob ein Charakter für diese oder für
jene Art der Motive überwiegend empfänglich sei, ist für die
eigentliche und wahre, jedoch stets nur angeborene Moralität
desselben entscheidend. Überhaupt wirkt das Beispiel als ein
Beförderungsmittel des Hervortretens der guten und schlechten Charaktereigenschaften, aber es schafft sie nicht; daher
Senecas Ausspruch *velle non discitur*[17] auch hier Stich hält.
Dass das Angeborensein aller echten moralischen Eigenschaften, der guten wie der schlechten, besser zur Metempsycho-

---

[17] Das Wollen erlernt man nicht.

senlehre[18] der Brahmanisten und Buddhisten, derzufolge „dem Menschen seine guten und schlechten Taten aus einer Existenz in die andere, wie sein Schatten, nachfolgen", als zum Judentum passt, welches vielmehr erfordert, dass der Mensch als moralische Null auf die Welt komme, um nun, vermöge eines undenkbaren *liberum arbitrium indifferentiae*[19], sonach infolge vernünftiger Überlegung, sich zu entscheiden, ob er ein Engel oder ein Teufel oder was sonst etwa zwischen beiden liegt, sein wolle – das weiß ich sehr wohl, kehre mich aber durchaus nicht daran: Denn meine Standarte ist die Wahrheit. Bin ich doch eben kein Philosophieprofessor und erkenne daher nicht meinen Beruf darin, nur vor allen Dingen die Grundgedanken des Judentums sicherzustellen, selbst wenn solche aller und jeder philosophischen Erkenntnis auf immer den Weg verrennen sollten. *Liberum arbitrium indifferentiae*, unter dem Namen „die sittliche Freiheit", ist eine allerliebste Spielpuppe für Philosophieprofessoren, die man ihnen lassen muss – den geistreichen, redlichen und aufrichtigen.

---

[18] Lehre von der Seelenwanderung.
[19] Absolute Wahlfreiheit und Willkür; Vermögen, sich frei, grundlos, undeterminiert entscheiden zu können.

Zur Rechtslehre und Politik

§ 122 Obgleich die Kräfte der Menschen ungleich sind, so sind doch ihre Rechte gleich, weil diese nicht auf den Kräften beruhen, sondern, wegen der moralischen Natur des Rechts, darauf, dass in jedem derselbe Wille zum Leben, auf der gleichen Stufe seiner Objektivation, sich darstellt. Dies gilt jedoch nur vom ursprünglichen und abstrakten Recht, welches der Mensch als Mensch hat. Das Eigentum, wie auch die Ehre, welche jeder mittels seiner Kräfte sich erwirbt, richtet sich nach dem Maße und der Art dieser Kräfte und gibt dann seinem Recht eine weitere Sphäre: Hier hört also die Gleichheit auf. Der hierin besser Ausgestattete oder Tätigere erweitert durch größeren Erwerb nicht sein Recht, sondern nur die Zahl der Dinge, auf die es sich erstreckt.

§ 123 In meinem Hauptwerk [...] habe ich dargetan, dass der Staat wesentlich eine bloße Schutzanstalt ist gegen äußere Angriffe des Ganzen und innere der Einzelnen untereinander. Hieraus folgt, dass die Notwendigkeit des Staats im letzten Grunde auf der anerkannten *Ungerechtigkeit* des Menschengeschlechts beruht: Ohne diese würde an keinen Staat gedacht werden, da niemand Beeinträchtigung seiner Rechte zu fürchten hätte und ein bloßer Verein gegen die Angriffe wilder Tiere oder der Elemente nur eine schwache Ähnlichkeit mit einem Staat haben würde. Von diesem Gesichtspunkt aus sieht man deutlich die Borniertheit und Plattheit der Philosophaster, welche in pompösen Redensarten den Staat als den höchsten Zweck und die Blüte des menschlichen Daseins darstellen und damit eine Apotheose der Philisterei liefern.

§ 125 Zwischen Leibeigenschaft wie in Russland und Grundbesitz wie in England und überhaupt zwischen dem Leibeigenen und dem Pächter, Einsassen, Hypothekenschulder und dergleichen mehr liegt der Unterschied mehr in der Form als in der Sache. Ob mir der Bauer gehört oder das Land, von welchem er sich nähren muss, der Vogel oder sein Futter, die Frucht oder der Baum, ist im Wesentlichen wenig verschieden [...]

Armut und Sklaverei sind also nur zwei Formen, fast möchte man sagen zwei Namen derselben Sache, deren Wesen darin besteht, dass die Kräfte eines Menschen großenteils nicht für ihn selbst, sondern für andere verwendet werden, woraus für ihn teils Überladung mit Arbeit, teils kärgliche Befriedigung seiner Bedürfnisse hervorgeht. Denn die Natur hat dem Menschen nur so viele Kräfte gegeben, dass er unter mäßiger Anstrengung derselben seinen Unterhalt der Erde abgewinnen kann; großen Überschuss an Kräften hat er nicht erhalten. Nimmt man nun die gemeinsame Last der physischen Erhaltung des Daseins des Menschengeschlechts einem nicht ganz unbeträchtlichen Teil desselben ab, so wird dadurch der übrige übermäßig belastet und ist elend. So zunächst entspringt also jenes Übel, welches entweder unter dem Namen der Sklaverei oder unter dem des Proletariats jederzeit auf der großen Mehrzahl des Menschengeschlechts gelastet hat. Die entferntere Ursache desselben aber ist der Luxus. Damit nämlich einige Wenige das Entbehrliche, Überflüssige und Raffinierte haben, ja erkünstelte Bedürfnisse befriedigen können, muss auf dergleichen ein großes Maß der vorhandenen Menschenkräfte verwendet und daher dem Notwendigen, der Hervorbringung des Unentbehrlichen, entzogen werden. Statt Hütten für sich bauen Tausende Pachtwohnungen für wenige; statt grober Stoffe für sich und die Ihrigen weben sie feine oder seidene Stoffe oder gar Spitzen für die Reichen und verfertigen überhaupt tausend Gegenstände des Luxus, die Reichen zu vergnügen. Aus solchen Luxusarbeitern besteht ein Großteil der Bevölke-

rung der Städte. Für diese also und ihre Besteller muss nun der
Bauer pflügen, säen und weiden, hat also mehr Arbeit, als die
Natur ihm ursprünglich aufgelegt hatte. Überdies muss auch er
selbst noch viele Kräfte und Land statt auf Getreide, Kartoffeln
und Viehzucht auf Wein, Seide, Tabak, Hopfen, Spargel usw.
verwenden. Ferner werden eine Menge Menschen dem Acker-
bau entzogen, um dem Schiffbau und der Seefahrt zu dienen,
damit Zucker, Kaffee, Tee usw. herbeigeschafft werde. Die Pro-
duktion dieser Überflüssigkeiten wird dann wieder die Ursache
des Elends jener Millionen Negersklaven, die ihrem Vaterland
gewaltsam entrissen werden, um mit ihrem Schweiß und ihrer
Marter jene Gegenstände des Genusses hervorzubringen. Kurz,
ein großer Teil der Kräfte des Menschengeschlechts wird der
Hervorbringung des allen Notwendigen entzogen, um das ganz
Überflüssige und Entbehrliche für wenige herbeizuschaffen.
Solange daher auf der einen Seite der Luxus besteht, muss notwendig auf der anderen übermäßige Arbeit und schlechtes Leben bestehen, sei es unter dem Namen der Armut oder dem
der Sklaverei, der *proletarii* oder der *servi*[20]. Zwischen beiden ist
der Fundamentalunterschied, dass Sklaven ihren Ursprung der
Gewalt, Arme der List zuzuschreiben haben. Der ganze unna-
türliche Zustand der Gesellschaft, der allgemeine Kampf, um
dem Elend zu entgehen, die so viel Leben kostende Seefahrt,
das verwickelte Handelsinteresse und endlich die Kriege, zu
welchen das alles Anlass gibt – alles dieses hat zur allgemeinen
Wurzel den Luxus, der nicht einmal die, welche ihn genießen,
glücklich, vielmehr kränklich und übelgelaunt macht. Demnach würde zur Milderung des menschlichen Elends das Wirksamste die Verminderung, ja Aufhebung des Luxus sein. […]

Ein Volk von lauter Bauern würde wenig entdecken und er-
finden; aber müßige Hände geben tätige Köpfe. Künste und
Wissenschaften sind selbst Kinder des Luxus, und sie tragen
ihm ihre Schuld ab. Ihr Werk ist jene Vervollkommnung der

---

[20] Der Proletarier oder der Knechte bzw. Sklaven.

Technologie in allen ihren Zweigen, in den mechanischen, den chemischen und den physikalischen, welche in unseren Tagen das Maschinenwesen zu einer früher nie geahnten Höhe gebracht hat und namentlich durch Dampfmaschinen und Elektrizität Dinge leistet, welche frühere Zeiten der Hilfe des Teufels zugeschrieben hätten. Da verrichten jetzt in Fabriken und Manufakturen jeder Art, mitunter auch beim Feldbau, Maschinen tausendmal mehr Arbeit, als die Hände aller jetzt müßigen Wohlhabenden, Gebildeten und Kopfarbeitenden jemals vermocht hätten und als mithin durch Abstellung alles Luxus und Einführung eines allgemeinen Bauernlebens je erreicht werden könnte. Die Erzeugnisse aller jener Betriebe aber kommen keineswegs den Reichen allein, sondern allen zugute. Dinge, die ehemals kaum zu erschwingen waren, sind jetzt wohlfeil und in Menge zu haben, und auch das Leben der niedrigsten Klasse hat an Bequemlichkeit viel gewonnen. Im Mittelalter erborgte einst ein König von England von einem seiner Großen ein Paar seidene Strümpfe, um damit angetan dem französischen Gesandten Audienz zu erteilen. Sogar die Königin Elisabeth war hoch erfreut und überrascht, als sie 1560 das erste Paar seidener Strümpfe als Neujahrsgeschenk erhielt [...] Heutzutage hat jeder Handlungsdiener dergleichen. Vor fünfzig Jahren trugen die Damen ebensolche kattunene Kleider wie heutzutage die Mägde. Wenn das Maschinenwesen seine Fortschritte in demselben Maße noch eine Zeit hindurch weiterführt, so kann es dahin kommen, dass die Anstrengung der Menschenkräfte beinahe ganz erspart wird, wie die eines großen Teils der Pferdekräfte schon jetzt. Dann freilich ließe sich an eine gewisse Allgemeinheit der Geisteskultur des Menschengeschlechts denken, welche hingegen so lange unmöglich ist, als ein großer Teil desselben schwerer körperlicher Arbeit obliegen muss. Da Irritabilität und Sensibilität stets und überall, im Allgemeinen wie im Einzelnen, im Antagonismus stehen, eben weil die eine und selbe Lebenskraft beiden

zugrunde liegt; weil ferner *artes molliunt mores*[21], so werden alsdann die Kriege im Großen und die Raufereien oder Duelle im
Kleinen vielleicht ganz aus der Welt kommen, wie beide schon
jetzt viel seltener geworden sind. Doch ist hier nicht mein
Zweck, eine Utopia zu schreiben. –

Aber auch abgesehen von allen diesen Gründen ist gegen
jene oben dargelegte, auf Abschaffung des Luxus und gleich-
mäßige Verteilung aller körperlichen Arbeit hinweisende Argu-
mentation in Erwägung zu geben, dass die große Herde des
Menschengeschlechts stets und überall notwendig der Führer,
Leiter und Berater in mannigfaltigen Gestalten je nach den
Angelegenheiten bedarf. Solche sind die Richter, Regierer,
Heerführer, Beamte, Priester, Ärzte, Gelehrte, Philosophen
usw., welche sämtlich die Aufgabe haben, dies in der Mehrzahl
höchst unfähige und verkehrte Geschlecht durch das Labyrinth
des Lebens zu führen, über welches daher jeder von ihnen je
nach seiner Stellung und Befähigung einen Überblick in enge-
rem oder weiterem Gesichtskreise sich erworben hat. Dass nun
diese Führer sowohl von körperlicher Arbeit als auch von ge-
meinem Mangel oder Unbequemlichkeit befreit bleiben, ja
auch nach Maßgabe ihrer viel größeren Leistungen mehr besitzen und genießen müssen als der gemeine Mann, ist natürlich
und der Billigkeit gemäß. Sogar die Großhändler sind jener
eximierten Führerklasse beizuzählen, sofern sie die Bedürfnisse
des Volks lange vorhersehen und denselben entgegenkommen.

§ 126 Die Frage nach der Souveränität des Volkes läuft im
Grunde darauf hinaus, ob irgendjemand ursprünglich das
Recht haben könne, ein Volk wider seinen Willen zu beherrschen. Wie sich das vernünftigerweise behaupten lasse, sehe ich
nicht ab. Allerdings also ist das Volk souverän; jedoch ist es ein
ewig unmündiger Souverän, welcher daher unter bleibender

---

[21] Die Künste verfeinern die Sitten.

Vormundschaft stehen muss und nie seine Rechte selbst verwalten kann, ohne grenzenlose Gefahren herbeizuführen, zumal er, wie alle Unmündigen, gar leicht das Spiel hinterlistiger Gauner wird, welche deshalb Demagogen heißen. [...]

§ 127 Das Recht an sich selbst ist machtlos; von Natur herrscht die Gewalt. Diese nun zum Recht hinüberzuziehen, sodass mittels der Gewalt das Recht herrsche, dies ist das Problem der Staatskunst. Und wohl ist es ein schweres. Man wird dies erkennen, wenn man bedenkt, welch ein grenzenloser Egoismus fast in jeder Menschenbrust nistet, zu welchem meistens noch ein angehäufter Vorrat von Hass und Bosheit sich gesellt [...] und nun dazu nimmt, dass viele Millionen so beschaffener Individuen es sind, die in den Schranken der Ordnung, des Friedens, der Ruhe und Gesetzlichkeit gehalten werden sollen, während doch ursprünglich jeder das Recht hat, zu jedem zu sagen: „Was du bist, bin ich auch!" Dies wohl erwogen, muss man sich wundern, dass es im Ganzen noch so ruhig und friedlich, rechtlich und ordentlich in der Welt hergeht, wie wir es sehen, welches doch die Staatsmaschine allein zuwege bringt. –

Denn unmittelbar kann immer nur die physische Gewalt wirken, da vor ihr allein die Menschen, wie sie in der Regel sind, Empfänglichkeit und Respekt haben. Wenn man, um sich hiervon durch die Erfahrung zu überzeugen, einmal allen Zwang beseitigen und ihnen bloß Vernunft, Recht und Billigkeit, aber ihrem Interesse entgegen, auf das Deutlichste und Eindringlichste vorhalten wollte, so würde die Machtlosigkeit bloß moralischer Gewalten daran augenfällig werden, dass man meistens nur ein Hohngelächter zur Antwort erhielte. Also allein die physische Gewalt vermag sich Respekt zu verschaffen. Nun ist aber diese Gewalt ursprünglich bei der Masse, bei welcher Unwissenheit, Dummheit und Ungerechtigkeit ihr Gesellschaft leisten. Die Aufgabe der Staatskunst ist demnach zunächst diese, unter so schwierigen Umständen dennoch die physische Gewalt der Intelligenz, der geistigen Überlegenheit, zu unterwerfen und dienstbar zu machen. Ist jedoch diese selbst nicht mit der Gerechtigkeit und der guten Absicht gepaart, so ist, wenn es gelingt, das Resultat, dass der so errichtete Staat aus Betrügern und Betrogenen besteht. Dies aber kommt dann allmählich durch die Fortschritte der Intelligenz der Masse, so sehr man diese auch zu hemmen sucht, an den Tag und führt zu einer Revolution. Ist hingegen bei der Intelligenz die Gerechtigkeit und die gute Absicht, so gibt es einen nach dem Maßstab menschlicher Dinge überhaupt vollkommenen Staat. […]

So wird es immer schon viel sein, wenn die Staatskunst ihre Aufgabe so weit löst, dass möglichst wenig Unrecht im Gemeinwesen übrig bleibe; denn dass es ganz, ohne irgendeinen Rest, geschehen sollte, ist bloß das ideale Ziel, welches nur approximativ erreicht werden kann. Wird nämlich das Unrecht von einer Seite hinausgeworfen, so schleicht es sich von der anderen wieder herein, weil eben die Unrechtlichkeit tief im menschlichen Wesen liegt. Man sucht jenes Ziel durch die künstliche Form der Verfassung und die Vollkommenheit der Gesetzgebung zu erreichen, doch bleibt es die Asymptote […]

In dieser Hinsicht ist allerdings für die Staatsmaschine die Pressefreiheit das, was für die Dampfmaschine die Sicherheitsvalve[22]; denn mittels derselben macht jede Unzufriedenheit sich alsbald durch Worte Luft, ja wird sich, wenn sie nicht sehr viel Stoff hat, an ihnen erschöpfen. Hat sie jedoch diesen, so ist es gut, dass man ihn beizeiten erkenne, um abzuhelfen. So geht es sehr viel besser, als wenn die Unzufriedenheit eingezwängt bleibt, brütet, gärt, kocht und anwächst, bis sie endlich zur Explosion gelangt. – Andererseits jedoch ist die Pressefreiheit anzusehen als die Erlaubnis, Gift zu verkaufen: Gift für Geist und Gemüt. Denn was lässt sich nicht dem kenntnis- und urteilslosen großen Haufen in den Kopf setzen? Zumal, wenn

---

[22] Sicherheitsventil.

man ihm Vorteil und Gewinn vorspiegelt. Und zu welcher Untat ist der Mensch nicht fähig, dem man etwas in den Kopf gesetzt hat? Ich fürchte daher sehr, dass die Gefahren der Pressefreiheit den Nutzen überwiegen, zumal wo gesetzliche Wege jeder Beschwerde offenstehen. Jedenfalls aber sollte Pressefreiheit durch das strengste Verbot aller und jeder Anonymität bedingt sein. –

[…]

§ 128 Überall und zu allen Zeiten hat es viel Unzufriedenheit mit den Regierungen, Gesetzen und öffentlichen Einrichtungen gegeben, großenteils aber nur, weil man stets bereit ist, diesen das Elend zur Last zu legen, welches dem menschlichen Dasein selbst unzertrennlich anhängt, indem es, mythisch zu reden, der Fluch ist, den Adam empfing, und mit ihm sein ganzes Geschlecht. Jedoch nie ist jene falsche Vorspiegelung auf lügenhaftere und frechere Weise gemacht worden, als von den Demagogen der „Jetztzeit". Diese nämlich sind, als Feinde des Christentums, Optimisten: Die Welt ist ihnen „Selbstzweck" und daher an sich selbst, das heißt ihrer natürlichen Beschaffenheit nach, ganz vortrefflich eingerichtet, ein rechter Wohnplatz der Glückseligkeit. Die nun hingegen schreienden, kolossalen Übel der Welt schreiben sie gänzlich den Regierungen zu: Täten nämlich nur diese ihre Schuldigkeit, so würde der Himmel auf Erden existieren, das heißt, alle würden ohne Mühe und Not vollauf fressen, saufen, sich propagieren[23] und krepieren können: Denn dies ist die Paraphrase ihres „Selbstzweck" und das Ziel des „unendlichen Fortschritts der Menschheit", den sie in pomphaften Phrasen unermüdlich verkündigen.

§ 129 Weiland war die Hauptstütze des Throns der *Glaube*, heutzutage ist es der *Kredit*. Kaum mag dem Papste selbst das

---

[23] Sich fortpflanzen (von lat.: propagare).

Zutrauen seiner Gläubigen mehr am Herzen liegen als das seiner Gläubiger. Beklagte man ehemals die Schuld der Welt, so sieht man jetzt mit Grausen auf die Schulden der Welt, und wie ehemals den Jüngsten Tag, so prophezeit man jetzt die dereinstige große *seisáchtheia*[24], den universellen Staatsbankrott, jedoch ebenfalls mit der zuversichtlichen Hoffnung, ihn nicht selbst zu erleben.

§ 130 Das Recht des Besitzes ist zwar ethisch und rationell ungleich besser begründet als das Recht der Geburt, jedoch ist es mit diesem verwandt und verwachsen, welches man daher schwerlich würde wegschneiden können, ohne jenes in Gefahr zu setzen. Der Grund hiervon ist, dass der meiste Besitz ererbt, folglich auch eine Art Geburtsrecht ist, wie denn eben der alte Adel auch nur den Namen des Stammgutes führt, also durch denselben bloß seinen Besitz ausdrückt. – Demgemäß sollten alle Besitzenden, wenn sie, statt neidisch zu sein, klug wären, auch der Erhaltung der Rechte der Geburt anhängen. […]

§ 133 Bei keiner Angelegenheit greift die Religion so unmittelbar und augenfällig in das praktische und materielle Leben ein wie beim *Eid*. Es ist schlimm genug, dass dadurch Leben und Eigentum des einen von den metaphysischen Überzeugungen des anderen abhängig gemacht werden. Wenn nun aber gar dereinst, wie doch zu besorgen[25] steht, die Religionen sämtlich in Verfall geraten und aller Glaube aufhören sollte: Wie wird es dann mit dem Eid stehen? – Daher ist es wohl der Mühe wert, zu untersuchen, ob es nicht eine rein moralische, von allem positiven Glauben unabhängige und doch auf deutliche Begriffe zu bringende Bedeutung des Eides gebe, welche, als ein Allerheiligstes aus reinem Golde, jenen universellen Kirchenbrand überstehen könnte, wenngleich dieselbe, neben dem Pomp und der

---

[24] Schuldenerlass, an den noch zu Zeiten des Aristoteles durch ein Fest erinnert wurde.

[25] Zu befürchten.

Kraftsprache des religiösen Eides sich etwas kahl und nüchtern ausnehmen sollte.

Der unbestrittene Zweck des Eides ist, der nur zu häufigen Falschheit und Lügenhaftigkeit des Menschen auf bloß moralischem Wege zu begegnen dadurch, dass man die von ihm anerkannte moralische Verpflichtung, die Wahrheit zu sagen, durch irgendeine außerordentliche, hier eintretende Rücksicht erhöht, ihm lebhaft zum Bewusstsein bringt.

Zur Lehre von der Unzerstörbarkeit
unseres wahren Wesens durch den Tod

§ 135 Wenn man, so im täglichen Umgang, von einem der vielen Leute, die alles wissen möchten, aber nichts lernen wollen, über die Fortdauer nach dem Tode befragt wird, ist wohl die passendste und zunächst richtigste Antwort: „Nach deinem Tode wirst du sein, was du vor deiner Geburt warst." Denn sie impliziert die Verkehrtheit der Forderung, dass die Art von Existenz, welche einen Anfang hat, ohne Ende sein solle; zudem aber enthält sie die Andeutung, dass es wohl zweierlei Existenz und, dementsprechend, zweierlei Nichts geben möge. – Desgleichen jedoch könnte man antworten: „Was immer du nach deinem Tode sein wirst – und wäre es nichts –, wird dir alsdann ebenso natürlich und angemessen sein, wie es dir jetzt dein individuelles und organisches Dasein ist: Also hättest du höchstens den Augenblick des Übergangs zu fürchten. Ja, da eine reifliche Erwägung der Sache das Resultat ergibt, dass einem Dasein wie dem unsrigen das gänzliche Nichtsein vorzuziehen sein würde, so kann der Gedanke des Aufhörens unserer Existenz oder einer Zeit, da wir nicht mehr wären, uns vernünftigerweise so wenig betrüben wie der Gedanke, dass wir nie geworden wären. Da nun dieses Dasein wesentlich ein persönliches ist, so ist demnach auch das Ende der Persönlichkeit nicht als ein Verlust anzusehen."

Dem hingegen, der, auf dem objektiven und empirische Wege, dem plausiblen Faden des Materialismus nachgegangen wäre und nun voll Schrecken über die gänzliche Vernichtung durch den Tod, die ihm da entgegenstarrte, sich an uns wendete, würden wir vielleicht auf die kürzeste und seiner empirischen

Auffassung entsprechende Weise Beruhigung verschaffen, wenn wir ihm den Unterschied zwischen der Materie und der temporär sie in Besitz nehmenden stets metaphysischen Kraft augenfällig nachwiesen, zum Beispiel am Vogelei, dessen so homogene, gestaltlose Flüssigkeit, sobald nur die gehörige Temperatur hinzutritt, die so komplizierte und genau bestimmte Gestalt der Gattung und Art seines Vogels annimmt. Gewissermaßen ist dies doch eine Art *generatio aequivoca* [26]: Und höchstwahrscheinlich ist dadurch, dass sie einst in der Urzeit und zur glücklichen Stunde, vom Typus des Tieres, welchem das Ei angehörte, zu einem höheren übersprang, die aufsteigende Reihe der Tierformen entstanden. Jedenfalls tritt hier am augenscheinlichsten ein von der Materie Verschiedenes hervor, zumal da es beim geringsten ungünstigen Umstand ausbleibt. Dadurch wird fühlbar, dass es, nach vollbrachtem, aber später behindertem Wirken, auch ebenso unversehrt von ihr weichen kann, welches denn auf eine ganz andersartige Permanenz hindeutet, als das Verharren der Materie in der Zeit ist.

§ 136 Zu ewiger Fortdauer ist kein Individuum geeignet: Es geht im Tode unter. Wir jedoch verlieren dabei nichts. Denn dem individuellen Dasein liegt ein ganz anderes, dessen Äußerung es ist, unter. Dieses kennt keine Zeit, also auch weder Fortdauer noch Untergang.

Wenn wir uns ein Wesen denken, welches alles erkennte, verstände und übersähe, so würde die Frage, ob wir nach dem Tode fortdauern, für dasselbe wahrscheinlich gar keinen Sinn haben, weil über unser jetziges, zeitliches, individuelles Dasein hinaus Fortdauern und Aufhören keine Bedeutung mehr hätten und ununterscheidbare Begriffe wären, wonach auf unser eigentliches und wahres Wesen, oder das in unserer Erscheinung sich darstellende Ding an sich, weder der Begriff des Un-

---

[26] Wörtlich: mehrdeutige Zeugung; gemeint ist Urzeugung oder Spontanzeugung.

tergangs noch der der Fortdauer Anwendung fände, da diese aus der Zeit entlehnt sind, welche bloß die Form der Erscheinung ist. –

Wir inzwischen können die *Unzerstörbarkeit* jenes Kerns unserer Erscheinung uns nur als eine *Fortdauer* desselben denken, und zwar eigentlich nach dem Schema der Materie, welche, unter allen Veränderungen der Formen, in der Zeit beharrt. –

Wird nun demselben diese Fortdauer abgesprochen, so sehen wir unser zeitliches Ende an als eine Vernichtung, nach dem Schema der *Form*, welche verschwindet, wenn ihr die sie tragende Materie entzogen wird. Beides ist jedoch eine *metábasis eis allo génos*[27], nämlich ein Übertragen der Formen der Erscheinung auf das Ding an sich. Von einer Unzerstörbarkeit aber, die keine Fortdauer wäre, können wir kaum uns auch nur einen abstrakten Begriff bilden, weil uns alle Anschauung, ihn zu belegen, mangelt.

In Wahrheit aber ist das beständige Entstehen neuer Wesen und Zunichtewerden der vorhandenen anzusehen als eine Illusion, hervorgebracht durch den Apparat zweier geschliffener Gläser (Gehirnfunktionen), durch die allein wir etwas sehen können: Sie heißen Raum und Zeit, und in ihrer Wechseldurchdringung Kausalität. Denn alles, was wir unter diesen Bedingungen wahrnehmen, ist bloße Erscheinung; nicht aber erkennen wir die Dinge, wie sie an sich selbst, das heißt unabhängig von unserer Wahrnehmung, sein mögen. Dies ist eigentlich der Kern der kantischen Philosophie, an welche und ihren Inhalt man nicht zu oft erinnern kann, nach einer Periode, wo feile Scharlatanerie durch ihren Verdummungsprozess die Philosophie aus Deutschland vertrieben hatte, unter williger Beihilfe der Leute, denen Wahrheit und Geist die gleich-

---

[27] Wörtlich: Wechsel in eine andere Gattung, das heißt (unzulässiger) Übergang zu einem anderen Gebiet, was einen Sprung in der Beweisführung bewirken kann.

gültigsten Dinge auf der Welt sind, hingegen Gehalt und Honorar die wichtigsten.

Dasjenige Dasein, welches beim Tode des Individuums unbeteiligt bleibt, hat nicht Zeit und Raum zur Form. Alles für uns Reale erscheint aber in diesen: Daher also stellt der Tod sich uns als Vernichtung dar.

§ 137 Jeder fühlt, dass er etwas anderes ist als ein von einem anderen einst aus Nichts geschaffenes Wesen. Daraus entsteht ihm die Zuversicht, dass der Tod wohl seinem Leben, jedoch nicht seinem Dasein ein Ende machen kann.

Vermöge der Erkenntnisform der *Zeit* stellt der Mensch (das ist die Bejahung des Willens zum Leben auf ihrer höchsten Objektivationsstufe) sich dar als ein Geschlecht stets von Neuem geborener und dann sterbender Menschen.

Der Mensch ist etwas anderes als ein belebtes Nichts – und das Tier auch.

Wie kann man nur beim Anblick des *Todes* eines Menschen vermeinen, hier werde ein Ding an sich selbst *zu nichts*? Dass vielmehr nur eine Erscheinung in der Zeit, dieser Form aller Erscheinungen, ihr Ende finde, ohne dass das Ding an sich selbst dadurch angefochten werde, ist eine unmittelbare, intuitive Erkenntnis jedes Menschen; daher man es zu allen Zeiten, in den verschiedensten Formen und Ausdrücken, die aber alle, der Erscheinung entnommen, in ihrem eigentlichen Sinn sich nur auf diese beziehen, auszusprechen bemüht gewesen ist.

Wer da meint, sein Dasein sei auf sein jetziges Leben beschränkt, hält sich für ein belebtes Nichts: denn vor dreißig Jahren war er nichts; und über dreißig Jahre ist er wieder nichts.

Wenn wir unser eigenes Wesen durch und durch, bis ins Innerste, ganz erkannt hätten, würden wir es lächerlich finden, die Unvergänglichkeit des Individuums zu verlangen, weil dies hieße, jenes Wesen selbst gegen eine einzelne seiner zahllosen Äußerungen – Fulgurationen – aufgeben.

§ 138 Je deutlicher einer sich der Hinfälligkeit, Nichtigkeit und traumartigen Beschaffenheit aller Dinge bewusst wird, desto deutlicher wird er sich auch der Ewigkeit seines eigenen inneren Wesens bewusst, weil doch eigentlich nur im Gegensatz zu diesem jene Beschaffenheit der Dinge erkannt wird; wie man den raschen Lauf seines Schiffs nur nach dem festen Ufer sehend wahrnimmt, nicht wenn man in das Schiff selbst sieht.

§ 141 *Kleine dialogische Schlussbelustigung*
Thrasymachos: Kurzum, was bin ich nach meinem Tod? – Klar und präzis!
Philalethes: Alles und nichts.
Thrasymachos: Da haben wir's! Als Lösung eines Problems ein Widerspruch. Der Pfiff ist abgenutzt.
Philalethes: Transzendente Fragen in der für immanente Erkenntnis geschaffenen Sprache zu beantworten kann allerdings auf Widersprüche führen.
Thrasymachos: Was nennst du transzendente und was immanente Erkenntnis? – Mir sind diese Ausdrücke zwar bekannt, von meinem Professor her; aber nur als Prädikate des lieben Gottes, mit welchem seine Philosophie, wie sich das eben auch geziemt, es ausschließlich zu tun hatte. Steckt nämlich der in der Welt drinne, so ist er immanent; sitzt er aber irgendwo draußen, so ist er transzendent. – Ja sieh, das ist klar, das ist fasslich! Da weiß man, woran man sich zu halten hat. Aber deine altmodische kantische Kunstsprache versteht kein Mensch mehr. Das Zeitbewusstsein der Jetztzeit ist, von der Metropole der deutschen Wissenschaft –
Philalethes (leise für sich): – deutschen, philosophischen Windbeutelei –
Thrasymachos: – aus, durch eine ganze Sukzession großer Männer, besonders durch den großen Schleiermacher und den Riesengeist Hegel, von allen dem zurück oder viel mehr so weit vorwärts gebracht, dass es das alles hinter sich hat und nichts mehr davon weiß. – Also was soll's damit?

Philalethes: Transzendente Erkenntnis ist die, welche, über alle Möglichkeit der Erfahrung hinausgehend, das Wesen der Dinge, wie sie an sich selbst sind, zu bestimmen anstrebt; immanente Erkenntnis hingegen die, welche sich innerhalb der Schranken der Möglichkeit der Erfahrung hält, daher aber auch nur von Erscheinungen reden kann. – Du, als Individuum, endest mit deinem Tode. Allein das Individuum ist nicht dein wahres und letztes Wesen, vielmehr eine bloße Äußerung desselben: Es ist nicht das Ding an sich selbst, sondern nur dessen Erscheinung, welche in der Form der Zeit sich darstellt und demgemäß Anfang und Ende hat. Dein Wesen an sich selbst hingegen kennt weder Zeit, noch Anfang, noch Ende, noch die Schranke einer gegebenen Individualität; daher kann es von keiner Individualität ausgeschlossen werden, sondern ist in jedem und allem da. Im ersteren Sinne also wirst du durch deinen Tod zu nichts; im zweiten bist und bleibst du alles. Daher sagte ich, dass du, nach deinem Tode, alles und nichts sein würdest. Schwerlich lässt deine Frage eine richtigere Antwort so in der Kürze zu als eben diese, welche aber allerdings einen Widerspruch enthält, weil eben dein Leben in der Zeit ist, deine Unsterblichkeit aber in der Ewigkeit. – Daher kann diese auch eine Unzerstörbarkeit ohne Fortdauer genannt werden – welches denn abermals auf einen Widerspruch hinausläuft. Aber so geht es, wenn das Transzendente in die immanente Erkenntnis gebracht werden soll. Dieser geschieht dabei eine Art Gewalt, indem sie missbraucht wird zu dem, wozu sie nicht geboren ist.

Thrasymachos: Höre, ohne Fortdauer meiner Individualität gebe ich für deine ganze Unsterblichkeit keinen Heller.

Philalethes: Vielleicht lässt du doch noch mit dir handeln. Setze, ich garantiere dir die Fortdauer deiner Individualität, machte jedoch zur Bedingung, dass vor dem Wiedererwachen derselben ein völlig bewusstloser Todesschlaf von drei Monaten vorherginge.

Thrasymachos: Ließe sich eingehen.

Philalethes: Da wir nun aber in einem völlig bewusstlosen Zustand durchaus kein Zeitmaß haben, so ist es für uns ganz einerlei, ob, während wir in jenem Todesschlaf lagen, in der bewussten Zeit drei Monate oder zehntausend Jahre verstrichen sind. Denn eines wie das andere müssen wir beim Erwachen auf Treu und Glauben annehmen. Demnach kann es dir gleichgültig sein, ob dir deine Individualität nach drei Monaten oder nach zehntausend Jahren zurückgegeben wird.

Thrasymachos: Lässt sich im Grunde wohl nicht leugnen.

Philalethes: Wenn nun aber, nach Verfluss der zehntausend Jahre, etwa ganz vergessen würde, dich zu wecken, so glaube ich, dass, nachdem dir jenes auf ein gar kurzes Dasein gefolgte lange Nichtsein schon so sehr zur Gewohnheit geworden, das Unglück nicht groß sein würde. Gewiss aber ist, dass du nichts davon spüren könntest. Und gänzlich würdest du dich über die Sache trösten, wenn du wüsstest, dass das geheime Triebwerk, welches deine jetzige Erscheinung in Bewegung erhält, auch in jenen zehntausend Jahren nicht einen Augenblick aufgehört hätte, andere Erscheinungen derselben Art darzustellen und zu bewegen.

Thrasymachos: So? – Und auf diese Art gedenkst du mich ganz sachte und unvermerkt um meine Individualität zu prellen? Solche Nasen dreht man mir nicht. Die Fortdauer meiner Individualität habe ich mir ausbedungen, und über die können mich keine Triebfedern und Erscheinungen trösten. Sie liegt mir am Herzen, und von ihr lasse ich nicht.

Philalethes: Du hältst also wohl deine Individualität für so angenehm, vortrefflich, vollkommen und unvergleichlich, dass es keine vorzüglichere geben könne, daher du sie nicht vertauschen möchtest gegen irgendeine andere, von welcher etwa behauptet würde, dass in ihr es sich besser und leichter leben ließe?

Thrasymachos: Siehe, meine Individualität, sie sei nun, wie sie sei, das bin ich.

„Mir geht nun auf der Welt nichts über mich:

Denn Gott ist Gott, und ich bin ich. "

Ich, ich, ich will da sein! *Daran* ist mir gelegen, und nicht an einem Dasein, von welchem mir erst anräsonniert werden muss, dass es das meinige sei.

Philalethes: Sieh dich doch um! Was da ruft „Ich, ich, ich will da sein", das bist du nicht allein, sondern alles, durchaus alles, was nur eine Spur von Bewusstsein hat. Folglich ist dieser Wunsch in dir gerade das, was *nicht* individuell ist, sondern allen, ohne Unterschied, gemein: Er entspringt nicht aus der Individualität, sondern aus dem Dasein überhaupt, ist jedem, das *da ist*, wesentlich, ja, ist das, *wodurch* es da ist, und wird demgemäß befriedigt durch das Dasein *überhaupt*, auf welches allein er sich bezieht, nicht aber ausschließlich durch irgendein bestimmtes, individuelles Dasein, da er auf ein solches gar nicht gerichtet ist; obgleich es jedes Mal den Schein hiervon hat, weil er nicht anders als in einem individuellen Wesen zum Bewusstsein gelangen kann und deshalb jedes Mal auf dieses allein sich zu beziehen scheint. Dies ist jedoch ein bloßer Schein, an welchem zwar die Befangenheit des Individuums klebt, den aber die Reflexion zerstören und uns davon befreien kann. Was nämlich so ungestüm das Dasein verlangt, ist bloß *mittelbar* das Individuum; unmittelbar und eigentlich ist es der Wille zum Leben überhaupt, welcher in allen einer und derselbe ist. Da nun das Dasein selbst sein freies Werk, ja sein bloßer Abglanz ist, so kann dasselbe ihm nicht entgehen. Er aber wird durch das Dasein überhaupt vorläufig befriedigt, so weit nämlich, als er, der ewig Unzufriedene, befriedigt werden kann. Die Individualitäten sind ihm gleich; er redet eigentlich nicht von ihnen, obgleich der dem Individuum, welches unmittelbar ihn nur in sich vernimmt, davon zu reden scheint. Dadurch wird herbeigeführt, dass er dieses sein eigenes Dasein mit einer Sorgfalt bewacht, wie es außerdem nicht geschehen würde, und eben dadurch die Erhaltung der Gattung sichert. Hieraus ergibt sich, dass die Individualität keine Vollkommenheit, sondern eine Beschränkung ist. Daher ist, sie los zu werden, kein

Verlust, vielmehr Gewinn. Lass daher eine Sorge fahren, welche dir wahrlich, wenn du dein eigenes Wesen ganz und bis auf den Grund erkenntest, nämlich als den universellen Willen zum Leben, der du bist – kindisch und überaus lächerlich erscheinen würde.

Thrasymachos: Kindisch und überaus lächerlich bist du selbst und alle Philosophen; und es geschieht bloß zum Spaß und Zeitvertreib, wenn ein gesetzter Mann wie ich mit dieser Art von Narren sich auf ein Viertelstündchen einlässt. Habe jetzt wichtigere Dinge vor. Gottbefohlen!

NACHTRÄGE ZUR LEHRE VON DER NICHTIGKEIT DES DASEINS

§ 142 Diese Nichtigkeit findet ihren Ausdruck an der ganzen Form des Daseins, an der Unendlichkeit der Zeit und des Raumes, gegenüber der Endlichkeit des Individuums in beiden, an der dauerlosen Gegenwart als der alleinigen Daseinsweise der Wirklichkeit, an der Abhängigkeit und Relativität aller Dinge, am steten Werden ohne Sein, am steten Wünschen ohne Befriedigung, an der steten Hemmung des Sterbens, durch die das Leben besteht, bis dieselbe einmal überwunden wird. Die *Zeit* und die *Vergänglichkeit* aller Dinge in ihr und mittels ihrer ist bloß die Form, unter welcher dem Willen zum Leben, der als Ding an sich unvergänglich ist, die *Nichtigkeit* seines Strebens sich offenbart. – Die *Zeit* ist das, vermöge dessen alles jeden Augenblick unter unseren Händen zu nichts wird – wodurch es allen wahren Wert verliert.

§ 143 Was *gewesen* ist, das ist nicht mehr, ist ebenso wenig wie das, was *nie* gewesen ist. Aber alles, was ist, ist im nächsten Augenblick schon gewesen. Daher hat vor der bedeutendsten Vergangenheit die unbedeutendste Gegenwart die *Wirklichkeit* voraus, wodurch sie zu jener sich verhält wie etwas zu nichts. –

Man ist mit einem Male, zu seiner Verwunderung, da, nachdem man, zahllose Jahrtausende hindurch, nichts gewesen, und, nach einer kurzen Zeit, ebenso lange wieder nicht zu sein hat. –

Das ist nimmermehr richtig, sagt das Herz. Und selbst dem rohen Verstande muss aus Betrachtungen dieser Art eine Ahnung der Idealität der Zeit aufgehen. Diese aber, nebst der des

Raumes, ist der Schlüssel zu aller wahren Metaphysik, weil durch dieselbe für eine ganz andere Ordnung der Dinge, als die der Natur ist, Platz gewonnen wird. Daher ist Kant so groß.

Jedem Vorgang unseres Lebens gehört nur auf einen Augenblick das Ist, sodann für immer das War. Jeden Abend sind wir um einen Tag ärmer. Wir würden vielleicht, beim Anblick dieses Ablaufens unserer kurzen Zeitspanne, rasend werden, wenn nicht im tiefsten Grunde unseres Wesens ein heimliches Bewusstsein läge, dass uns der nie zu erschöpfende Born der Ewigkeit gehört, um immerdar die Zeit des Lebens daraus erneuern zu können.

Auf Betrachtungen wie die obigen kann man allerdings die Lehre gründen, dass die Gegenwart zu genießen und dies zum Zwecke seines Lebens zu machen die größte *Weisheit* sei, weil ja jene allein real, alles andere nur Gedankenspiel wäre. Aber ebenso gut könnte man es die größte *Torheit* nennen, denn was im nächsten Augenblick nicht mehr ist, was so gänzlich verschwindet wie ein Traum, ist nimmermehr eines ernstlichen Strebens wert.

§ 144 Unser Dasein hat keinen Grund und Boden, darauf es fußte, als die dahinschwindende Gegenwart. Daher hat es wesentlich die beständige *Bewegung* zur Form, ohne Möglichkeit der von uns stets angestrebten Ruhe. Es gleicht dem Laufe eines bergab Rennenden, der, wenn er stillstehen wollte, fallen müsste und nur durch Weiterrennen sich auf den Beinen erhält; ebenfalls der auf der Fingerspitze balancierten Stange; wie auch dem Planeten, der in seine Sonne fallen würde, sobald er aufhörte, unaufhaltsam vorwärts zu eilen. – Also Unruhe ist der Typus des Daseins.

In einer solchen Welt, wo keine Stabilität irgendeiner Art, kein dauernder Zustand möglich, sondern alles in rastlosem Wirbel und Wechsel begriffen ist, alles eilt, fliegt, sich auf dem Seile, durch stetes Schreiten und Bewegen, aufrecht erhält, lässt Glückseligkeit sich nicht einmal denken. Sie kann nicht wohnen, wo Platons „beständiges Werden und nie Sein" allein stattfindet. Zuvörderst: Keiner ist glücklich, sondern strebt sein Leben lang nach einem vermeintlichen Glück, welches er selten erreicht und auch dann nur, um enttäuscht zu werden. In der Regel aber läuft zuletzt jeder schiffbrüchig und entmastet in den Hafen ein. Dann aber ist es auch einerlei, ob er glücklich oder unglücklich gewesen, in einem Leben, welches bloß aus dauerloser Gegenwart bestanden hat uns jetzt zu Ende ist.

Inzwischen muss man sich wundern, wie, in der Menschen- und Tierwelt, jene so große, mannigfaltige und rastlose Bewegung hervorgebracht und im Gange erhalten wird durch die zwei einfachen Triebfedern, Hunger und Geschlechtstrieb, denen allenfalls nur noch die Langeweile ein wenig nachhilft, und dass diese es vermögen, das *primum mobile*[28] einer so komplizierten, das Puppenspiel bewegenden Maschine abzugeben.

Betrachten wir nun aber die Sache näher, so sehen wir zuvörderst die Existenz des Unorganischen jeden Augenblick angegriffen und endlich aufgerieben von den chemischen Kräften, die des Organischen hingegen nur möglich gemacht durch den beständigen Wechsel der Materie, welcher fortwährend Zufluss, folglich Hilfe von außen, erfordert. Schon an sich selbst also gleicht das organische Leben der auf der Hand balancierten Stange, die stets bewegt sein muss, und ist daher ein beständiges Bedürfen, stets wiederkehrender Mangel und endlose Not. Jedoch ist erst vermittels dieses organischen Lebens Bewusstsein möglich. – Dies alles demnach ist das *endliche Dasein*, als dessen Gegensatz ein *unendliches* zu denken wäre als weder dem Angriff von außen ausgesetzt noch der Hilfe von außen bedürftig [...], ohne Wechsel, ohne Zeit, ohne Vielheit und Verschiedenheit – dessen negative Erkenntnis der Grundton der Philosophie des Platon ist. Ein solches muss dasjenige

---

[28] Das erste Bewegte: im mittelalterlichen geozentrischen Weltbild die erste Sphäre.

sein, wohin die Verneinung des Willens zum Leben den Weg eröffnet.

§ 145 Die Szenen unseres Lebens gleichen den Bildern in grobem Mosaik, welche in der Nähe keine Wirkung tun, sondern von denen man fern stehen muss, um sie schön zu finden. Daher heißt etwas Ersehntes erlangen dahinter kommen, dass es eitel ist, und leben wir allezeit in der Erwartung des Besseren, auch oft zugleich in reuiger Sehnsucht nach dem Vergangenen. Das Gegenwärtige hingegen wird nur einstweilen so hingenommen und für nichts geachtet als für den Weg zum Ziel. Daher werden die meisten, wenn sie am Ende zurückblicken, finden, dass sie ihr ganzes Leben hindurch *ad interim*[29] gelebt haben, und verwundert sein zu sehen, dass das, was sie so ungeachtet und ungenossen vorübergehen ließen, eben ihr Leben war, eben das war, in dessen Erwartung sie lebten. Und so ist denn der Lebenslauf des Menschen in der Regel dieser, dass er, von der Hoffnung genarrt, dem Tode in die Arme tanzt.

Nun aber dazu die Unersättlichkeit des individuellen Willens, vermöge welcher jede Befriedigung einen neuen Wunsch erzeugt und sein Begehren, ewig ungenügsam, ins Unendliche geht! Sie beruht jedoch im Grunde darauf, dass der Wille, an sich selbst genommen, der Herr der Welten ist, dem alles angehört, dem daher kein Teil, sondern nur das Ganze, welches aber unendlich ist, Genüge geben könnte. – Wie muss es inzwischen unser Mitleid erregen, wenn wir betrachten, wie blutwenig dagegen diesem Herrn der Welt, in seiner individuellen Erscheinung, wird: meistens eben nur so viel als hinreicht, den individuellen Leib zu erhalten. Daher sein tiefes Weh.

§ 147 a Unser Leben ist *mikroskopischer* Art: Es ist ein unteilbarer Punkt, den wir durch die beiden starken Linsen Raum

---

[29]   Im „Unterdessen", „Einstweilen".

und Zeit auseinandergezogen und daher in höchst ansehnlicher Größe erblicken. –

Die Zeit ist eine Vorrichtung in unserem Gehirn, um *dem durchaus nichtigen Dasein* der Dinge und unserer selbst einen Schein von Realität mittels der Dauer zu geben. –

Wie töricht zu bedauern und zu beklagen, dass man in vergangener Zeit die Gelegenheit zu diesem oder jenem Glück oder Genuss hat unbenutzt gelassen! Was hätte man denn jetzt mehr daran? Die dürre Mumie einer Erinnerung. So ist es aber auch mit allem, was uns wirklich zuteil geworden. Demnach aber ist die *Form der Zeit* selbst geradezu das Mittel und wie darauf berechnet, uns die *Nichtigkeit* aller irdischen Genüsse beizubringen. –

Unser und aller Tiere Dasein ist nicht ein stets dastehendes und, wenigstens zeitlich, beharrendes, sondern es ist eine bloße *existentia fluxa*[30], die nur durch den steten Wechsel besteht, einem Wasserstrudel vergleichbar. Denn zwar hat die *Form* des Leibes eine Zeitlang ungefähren Bestand, aber nur unter der Bedingung, dass die Materie unaufhörlich wechsele, alte abgeführt und neue zugeführt werde. Dementsprechend ist die Hauptbeschäftigung aller jener Wesen, die zu diesem Zufluss geeignete Materie allezeit herbeizuschaffen. Zugleich sind sie sich bewusst, dass ihr so geartetes Dasein sich nur eine Zeitlang besagtermaßen erhalten lässt; daher sie trachten, bei ihrem Abgang es auf ein anderes zu übertragen, das ihre Stelle einnimmt: Dieses Trachten tritt in der Form des Geschlechtstriebes im Selbstbewusstsein auf und stellt sich, im Bewusstsein anderer Dinge, also in der objektiven Anschauung, in Gestalt der Genitalien dar. Vergleichen kann man diesen Trieb dem Faden einer Perlenschnur, wo denn jene sich rasch sukzedierenden Individuen den Perlen entsprächen. Wenn man in der Fantasie diese Sukzession beschleunigt und in der ganzen Reihe, eben wie in den Einzelnen, immer nur die Form bleibend, den Stoff

---

[30] Ein im Fluss befindliches, fließendes Dasein.

stets wechselnd erblickt, so wird man inne, dass wir nur ein Quasi-Dasein haben. Diese Auffassung liegt auch der platonischen Lehre von den allein existierenden *Ideen* und der schattenähnlichen Beschaffenheit der ihnen entsprechenden Dinge zugrunde. –

Dass wir *bloße Erscheinungen* im Gegensatz der Dinge an sich sind, wird dadurch belegt, exemplifiziert und veranschaulicht, dass die *conditio sine qua non*[31] unseres Daseins der beständige Ab- und Zufluss von Materie ist, als Ernährung, deren Bedürfnis immer wiederkehrt. Denn darin gleichen wir den durch einen Rauch, eine Flamme, einen Wasserstrahl zuwege gebrachten Erscheinungen, welche verblassen oder stocken, sobald es am Zufluss fehlt. –

Man kann auch sagen: Der *Wille zum Leben* stellt sich dar in lauter Erscheinungen, welche total *zu nichts* werden. Dieses Nichts mitsamt den Erscheinungen bleibt aber innerhalb des Willens zum Leben, ruht auf seinem Grunde. Das ist freilich dunkel. –

Wenn man von der Betrachtung des Weltlaufs im Großen und zumal der reißend schnellen Sukzession der Menschengeschlechter und ihres ephemeren Scheindaseins sich hinwendet auf das *Detail des Menschenlebens*, wie etwa die Komödie es darstellt, so ist der Eindruck, den jetzt dieses macht, dem Anblick zu vergleichen, den, mittels des Sonnenmikroskops, ein von Infusionstierchen wimmelnder Tropfen oder ein sonst unsichtbares Häuflein Käsemilben gewährt, deren eifrige Tätigkeit und Streit uns zum Lachen bringt. Denn, wie hier im engsten Raum, so dort in der kürzesten Spanne Zeit, wirkt die große und ernstliche Aktivität komisch. –

---

[31] Unabdingbare Voraussetzung.

Nachträge zur Lehre vom Leiden der Welt

§ 148 Wenn nicht der nächste und unmittelbare Zweck unseres Lebens das Leben ist, so ist unser Dasein das Zweckwidrigste auf der Welt. Denn es ist absurd anzunehmen, dass der endlose, aus der dem Leben wesentlichen Not entspringende Schmerz, davon die Welt überall voll ist, zwecklos und rein zufällig sein sollte. Unsere Empfindlichkeit für den Schmerz ist fast unendlich, die für den Genuss hat enge Grenzen. Jedes einzelne Unglück erscheint zwar als eine Ausnahme; aber das Unglück überhaupt ist die Regel.

§ 149 Wie der Bach keine Strudel macht, solange er auf keine Hindernisse trifft, so bringt die menschliche wie die tierische Natur es mit sich, dass wir alles, was unserm Willen gemäß geht, nicht recht merken und inne werden. Sollen wir es merken, so muss es nicht sogleich unserm Willen gemäß gegangen sein, sondern irgendeinen Anstoß gefunden haben. – Hingegen alles, was unserm Willen sich entgegenstellt, ihn durchkreuzt, ihm widerstrebt, also alles Unangenehme und Schmerzliche empfinden wir unmittelbar, sogleich und sehr deutlich. Wie wir die Gesundheit unseres ganzen Leibes *nicht fühlen*, sondern nur die kleine Stelle, wo uns der Schuh drückt, so denken wir auch nicht an unsere gesamten, vollkommen wohl gehenden Angelegenheiten, sondern an irgendeine unbedeutende Kleinigkeit, die uns verdrießt. – Hierauf beruht die von mir öfter hervorgehobene Negativität des Wohlseins und Glücks, im Gegensatz der Positivität des Schmerzes.

Ich kenne demnach keine größere Absurdität als die der meisten metaphysischen Systeme, welche das Übel für etwas

Negatives erklären, während es gerade das Positive, das sich selbst fühlbar Machende ist; hingegen das Gute, das heißt alles Glück und alle Befriedigung, ist das Negative, nämlich das bloße Aufheben des Wunsches und Endigen einer Pein.

Hierzu stimmt auch dies, dass wir, in der Regel, die Freuden weit unter, die Schmerzen weit über unsere Erwartungen finden. –

Wer die Behauptung, dass in der Welt der Genuss den Schmerz überwiegt, oder wenigstens sie einander die Waage halten, in der Kürze prüfen will, vergleiche die Empfindung des Tieres, welches ein anderes frisst, mit der dieses anderen.

§ 150 Der wirksamste Trost bei jedem Unglück, in jedem Leiden, ist, hinzusehen auf die anderen, die noch unglücklicher sind als wir. Und dies kann jeder. Was aber ergibt sich daraus für das Ganze? –

Wir gleichen den Lämmern, die auf der Wiese spielen, während der Metzger schon eines und das andere von ihnen mit den Augen auswählt. Denn wir wissen nicht, in unsern guten Tagen, welches Unheil eben jetzt das Schicksal uns bereitet: Krankheit, Verfolgung, Verarmung, Verstümmelung, Erblindung, Wahnsinn, Tod usw. –

Die Geschichte zeigt uns das Leben der Völker und findet nichts als Kriege und Empörungen zu erzählen. Die friedlichen Jahre erscheinen nur als kurze Pausen, Zwischenakte, dann und wann einmal. Und ebenso ist das Leben des Einzelnen ein fortwährender Kampf, nicht etwa bloß metaphorisch mit der Not oder mit der Langeweile, sondern auch wirklich mit anderen. Er findet überall den Widersacher, lebt in beständigem Kampf und stirbt, die Waffen in der Hand. –

§ 151 Zur Plage unseres Daseins trägt nicht wenig auch dieses bei, dass stets *die Zeit* uns drängt, uns nicht zu Atem kommen lässt und hinter jedem her ist, wie ein Zuchtmeister mit der Peitsche. – Bloß dem setzt sie nicht zu, den sie der Langeweile überliefert hat.

§ 152 Jedoch wie unser Leib auseinanderplatzen müsste, wenn der Druck der Atmosphäre von ihm genommen wäre, so würde, wenn der Druck der Not, Mühseligkeit, Widerwertigkeit und Vereitelung der Bestrebungen vom Leben der Menschen weggenommen wäre, ihr Übermut sich steigern, wenn auch nicht bis zum Platzen, doch bis zu den Erscheinungen der zügellosesten Narrheit, ja Raserei. – Sogar bedarf jeder allezeit eines gewissen Quantums Sorge, oder Schmerz, oder Not, wie das Schiff des Ballasts, um fest und gerade zu gehen.

Arbeit, *Plage*, *Mühe* und *Not* ist allerdings ihr ganzes Leben hindurch das Los fast aller Menschen. Aber wenn alle Wünsche, kaum entstanden, auch schon erfüllt wären – womit sollte dann das menschliche Leben ausgefüllt, die Zeit zugebracht werden? Man versetze dies Geschlecht in ein *Schlaraffenland*, wo alles von selbst wüchse und die Tauben gebraten herumflögen, auch jeder seine Heißgeliebte alsbald fände und ohne Schwierigkeit erhielte. – Da werden die Menschen zum Teil vor Langeweile sterben oder sich aufhängen, zum Teil aber einander bekriegen, würgen und morden, und so sich mehr Leid verursachen, als jetzt die Natur ihnen auflegt. –

Also für ein solches Geschlecht passt kein anderer Schauplatz, kein anderes Dasein.

§ 153 Wegen der eben in Erinnerung gebrachten Negativität des Wohlseins und Genusses im Gegensatz zur Positivität des Schmerzes ist das Glück eines gegebenen Lebenslaufs nicht nach dessen Freuden und Genüssen abzuschätzen, sondern nach der Abwesenheit der Leiden, als des Positiven. Dann aber erscheint das Los der Tiere erträglicher als das des Menschen. Wir wollen beide etwas näher betrachten.

So mannigfaltig auch die Formen sind, unter denen das Glück und Unglück des Menschen sich darstellt und ihn zum

Verfolgen oder Fliehen anregt, so ist doch die materielle Basis von dem allen der körperliche Genuss oder Schmerz. Diese Basis ist sehr schmal: Es ist die Gesundheit, Nahrung, Schutz vor Nässe und Kälte und Geschlechtsbefriedigung – oder aber der Mangel an diesen Dingen. Folglich hat der Mensch an realem physischem Genuss nicht mehr denn das Tier, als etwa nur insofern sein höher potenziertes Nervensystem die Empfindung jedes Genusses, jedoch auch die jedes Schmerzes, steigert. Allein, wie sehr viel stärker sind die Affekte, welche in ihm erregt werden, als die des Tieres! Wie ungleich tiefer und heftiger wird sein Gemüt bewegt! – um zuletzt jedoch nur dasselbe Resultat zu erlangen: Gesundheit, Nahrung, Bedeckung usw.

Dies entsteht zuvörderst daraus, dass bei ihm alles eine mächtige Steigerung erhält durch das Denken an das Abwesende und Zukünftige, wodurch nämlich Sorge, Furcht und Hoffnung erst eigentlich ins Dasein treten, dann aber ihm viel stärker zusetzen als die gegenwärtige Realität der Genüsse oder Leiden, auf welche das Tier beschränkt ist, es vermag. Diesem nämlich fehlt mit der Reflexion der Kondensator der Freuden und Leiden, welche daher sich nicht anhäufen können, wie dies beim Menschen mittels Erinnerung und Vorhersehung geschieht; sondern beim Tier bleibt das Leiden der Gegenwart, auch wenn es unzählige Male hintereinander wiederkehrt, doch immer nur wie das erste Mal, das Leiden der Gegenwart, und kann sich nicht aufsummieren. Daher die beneidenswerte Sorglosigkeit und Gemütsruhe der Tiere. Hingegen mittels der Reflexion und dem, was an ihr hängt, entwickelt sich im Menschen aus jenen nämlichen Elementen des Genusses und Leidens, die das Tier mit ihm gemein hat, eine Steigerung der Empfindung seines Glückes und Unglücks, die bis zum augenblicklichen, bisweilen sogar tödlichen Entzücken oder auch zum verzweifelten Selbstmord führen kann. Näher betrachtet ist der Gang der Sache folgender: Seine Bedürfnisse, die ursprünglich nur wenig schwerer zu befriedigen sind als die des

Tieres, steigert er absichtlich, um den Genuss zu steigern: daher Luxus, Leckerbissen, Tabak, Opium, geistige Getränke, Pracht und alles, was dahin gehört. Dann kommt, ebenfalls infolge der Reflexion, noch hinzu eine ihm allein fließende Quelle des Genusses und folglich der Leiden, die ihm über alle Maßen viel, ja fast mehr als alle übrigen zu schaffen machen, nämlich Ambition und Gefühl für Ehre und Schande – in Prosa, seine Meinung von der Meinung anderer von ihm. Diese nun wird, in tausendfachen und oft seltsamen Gestalten, das Ziel fast aller seiner über den physischen Genuss oder Schmerz hinausgehenden Bestrebungen. Zwar hat er allerdings vor dem Tiere noch die eigentlich intellektuellen Genüsse voraus, die gar viele Abstufungen zulassen, von der einfältigsten Spielerei oder auch Konversation bis zu höchsten geistigen Leistungen, aber als Gegengewicht dazu, auf der Seite der Leiden, tritt bei ihm die Langeweile auf, welche das Tier, wenigstens im Naturzustande, nicht kennt, sondern von der nur im gezähmten Zustande die allerklügsten Tiere leichte Anfälle spüren, während sie beim Menschen zu einer wirklichen Geißel wird, wie besonders zu ersehen an jenem Heer der Erbärmlichen, die stets nur darauf bedacht gewesen sind, ihren Beutel, aber nie ihren Kopf zu füllen, und denen nun gerade ihr Wohlstand zur Strafe wird, indem er sie der marternden Langeweile in die Hände liefert, welcher zu entgehen sie jetzt bald herumjagen, bald herumschleichen, bald herumreisen, und überall, kaum angelangt, sich ängstlich erkundigen nach den *Ressourcen* des Ortes wie der Bedürftige nach den *Hilfsquellen* desselben. Denn freilich sind Not und Langeweile die beiden Pole des Menschenlebens. Endlich ist noch zu erwähnen, dass beim Menschen sich an die Geschlechtsbefriedigung eine nur ihm eigene, sehr eigensinnige Auswahl knüpft, die bisweilen sich zu der mehr oder minder leidenschaftlichen Liebe steigert, welcher ich im zweiten Bande meines Hauptwerks ein ausführliches Kapitel gewidmet habe. Jene wird dadurch bei ihm eine Quelle langer Leiden und kurzer Freuden.

Zu bewundern ist es inzwischen, wie mittels der Zutat des Denkens, welches dem Tiere abgeht, auf derselben schmalen Basis der Leiden und Freuden, die auch das Tier hat, das so hohe und weitläufige Gebäude des Menschenglückes und Unglücks sich erhebt, in Beziehung auf welches sein Gemüt so starken Effekten, Leidenschaften und Erschütterungen preisgegeben ist, dass das Gepräge derselben in bleibenden Zügen auf seinem Gesichte lesbar wird, während doch am Ende und im Realen es sich nur um dieselben Dinge handelt, die auch das Tier erlangt, und zwar mit unvergleichlich geringerem Aufwand von Affekten und Qualen. Durch dieses alles aber wächst im Menschen das Maß des Schmerzes viel mehr als das des Genusses, und wird nun noch speziell dadurch gar sehr vergrößert, dass er vom Tode wirklich weiß, während das Tier diesen nur instinktiv flieht, ohne ihn eigentlich zu kennen und daher ohne jemals ihn wirklich ins Auge zu fassen, wie der Mensch, der diesen Prospekt stets vor sich hat. Wenn nun also auch nur wenige Tiere natürlichen Todes sterben, die meisten aber nur so viel Zeit gewinnen, ihr Geschlecht fortzupflanzen, und dann, wenn nicht schon früher, die Beute eines andern werden, der Mensch allein hingegen es dahin gebracht hat, dass in seinem Geschlechte der sogenannte natürliche Tod zur Regel geworden ist, die inzwischen beträchtliche Ausnahmen leidet, so bleiben aus obigem Grunde die Tiere doch im Vorteil. Überdies aber erreicht er sein wirklich natürliches Lebensziel ebenso selten wie jene, weil die Widernatürlichkeit seiner Lebensweise nebst seinen Anstrengungen und Leidenschaften und die durch alles dieses entstandene Degeneration der Rasse ihn selten dahin gelangen lässt.

Die Tiere sind viel mehr als wir durch das bloße Dasein befriedigt; die Pflanze ist es ganz und gar; der Mensch je nach dem Grade seiner Stumpfheit. Dementsprechend enthält das Leben des Tieres weniger Leiden, aber auch weniger Freuden als das menschliche. Dies beruht zunächst darauf, dass es einerseits von der Sorge und Besorgnis nebst ihrer Qual frei bleibt, andererseits aber auch die eigentliche Hoffnung entbehrt und daher jener Antizipation einer freudigen Zukunft durch die Gedanken nebst der diese begleitenden, von der Einbildungskraft hinzugegebenen beseligenden Phantasmagorie, dieser Quelle unserer meisten und größten Freuden und Genüsse, nicht teilhaft wird, folglich in diesem Sinne hoffnungslos ist: beides, weil sein Bewusstsein auf das Anschauliche und dadurch auf die Gegenwart beschränkt ist; daher es nun in Beziehung auf Gegenstände, die in dieser bereits anschaulich vorliegen, ein mithin äußerst kurz angebundenes Fürchten und Hoffen kennt, während das menschliche einen Gesichtskreis hat, der das ganze Leben umfasst, ja darüber hinausgeht. – Aber eben infolge hiervon erscheinen die Tiere, mit uns verglichen, in einem Betracht wirklich weise, nämlich im ruhigen, ungetrübten Genuss der Gegenwart. Das Tier ist die verkörperte Gegenwart: Die augenscheinliche Gemütsruhe, deren es dadurch teilhaft ist, beschämt oft unsern durch Gedanken und Sorgen häufig unruhigen und unzufriedenen Zustand. Und sogar die in Rede stehenden Freuden der Hoffnung und Antizipation haben wir nicht unentgeltlich. Was nämlich einer durch das Hoffen und Erwarten einer Befriedigung im Voraus genießt, geht nachher als vom wirklichen Genuss derselben vorweggenommen von diesem ab, indem die Sache selbst dann umso weniger befriedigt. Das Tier hingegen bleibt wie vom Vorgenuss so auch von dieser Deduktion vom Genusse frei und genießt sonach das Gegenwärtige und Reale selbst ganz und unvermindert. Und ebenfalls drücken auch die Übel auf dasselbe bloß mit ihrer wirklichen und eigenen Schwere, während uns das Fürchten und Vorhersehen, *he prosdokía ton kakon*[32], diese oft verzehnfacht.

Eben dieses den Tieren eigene gänzliche Aufgehen in der Gegenwart trägt viel bei zu der Freude, die wir an unseren Haustieren haben. Sie sind die personifizierte Gegenwart und

---

[32] Das Befürchten der schlechten Dinge.

machen uns gewissermaßen den Wert jeder unbeschwerten und ungetrübten Stunde fühlbar, während wir mit unseren Gedanken meistens über diese hinausgehen und sie unbeachtet lassen. Aber die angeführte Eigenschaft der Tiere, mehr als wir durch das bloße Dasein befriedigt zu sein, wird vom egoistischen und herzlosen Menschen missbraucht und oft dermaßen ausgebeutet, dass er ihnen außer dem bloßen kahlen Dasein nichts, gar nichts gönnt: den Vogel, der organisiert ist, die halbe Welt zu durchstreifen, sperrt er in einen Kubikfuß Raum ein, wo er sich langsam zu Tode sehnt und schreit, denn:

l'uccello nella gabbia
Canta non di piacere, ma di rabbia.[33]

Und seinen treuesten Freund, den so intelligenten Hund, legt er an die Kette! Nie sehe ich einen solchen ohne inniges Mitleid mit ihm und tiefe Indignation gegen seinen Herrn, und mit Befriedigung denke ich an den vor einigen Jahren von den Times berichteten Fall, dass ein Lord, der einen großen Kettenhund hielt, einst, seinen Hof durchschreitend, sich beigehen ließ, den Hund liebkosen zu wollen, worauf dieser sogleich ihm den Arm von oben bis unten aufriss – mit Recht! Er wollte damit sagen: „Du bist nicht mein Herr, sondern mein Teufel, der mir mein kurzes Dasein zur Hölle macht." Möge es jedem so gehen, der Hunde ankettet.

§ 154 Hat sich uns nun im Obigen ergeben, dass die erhöhte Erkenntniskraft es ist, welche das Leben des Menschen schmerzensreicher macht als das des Tieres, so können wir dieses auf ein allgemeineres Gesetz zurückführen und dadurch einen viel weiteren Überblick erlangen.

---

[33]   Der Vogel im Käfig singt nicht aus Freude, sondern vor Zorn.

Erkenntnis ist, an sich selbst, stets schmerzlos. Der Schmerz trifft allein den *Willen* und besteht in der Hemmung, Hinderung, Durchkreuzung desselben. Dennoch ist dazu erfordert, dass diese Hemmung von der Erkenntnis begleitet sei. Wie nämlich das Licht den Raum nur dann erhellt, wenn Gegenstände da sind, es zurückzuwerfen, wie der Ton der Resonanz bedarf und der Schall überhaupt nur dadurch, dass die Wellen der vibrierenden Luft sich an harten Körpern brechen, weit hörbar wird – daher er auf isolierten Bergspitzen auffallend schwach ausfällt, ja schon ein Gesang im Freien wenig Wirkung tut –, ebenso nun muss die Hemmung des *Willens*, um als Schmerz empfunden zu werden, von der *Erkenntnis*, welcher doch an sich selbst aller Schmerz fremd ist, begleitet sein.

Daher ist schon der physische Schmerz durch Nerven und deren Verbindung mit dem Gehirn bedingt, weshalb die Verletzung eines Gliedes nicht gefühlt wird, wenn dessen zum Gehirn gehende Nerven durchschnitten sind oder das Gehirn selbst durch Chloroform depotenziert ist. Eben deswegen auch halten wir, sobald im Sterben das Bewusstsein erloschen ist, alle noch folgenden Zuckungen für schmerzlos. Dass der geistige Schmerz durch Erkenntnis bedingt sei, versteht sich von selbst, und dass er mit dem Grade derselben wachse, ist leicht abzusehen, zudem im Obigen wie auch in meinem Hauptwerke (Bd. 1, § 56) nachgewiesen worden. – Wir können also das ganze Verhältnis bildlich so ausdrücken: Der Wille ist die Saite, seine Durchkreuzung oder Hinderung deren Vibration, die Erkenntnis der Resonanzboden, der Schmerz ist der Ton.

Demzufolge ist nicht nur das Unorganische, sondern auch die Pflanze keines Schmerzes fähig, so viele Hemmungen auch der Wille in beiden erleiden mag. Hingegen jedes Tier, selbst ein Infusorium, leidet Schmerz, weil Erkenntnis, sei sie auch noch so unvollkommen, der wahre Charakter der Tierheit ist. Mit ihrer Steigerung auf der Skala der Animalität wächst demgemäß auch der Schmerz. Er ist sonach bei den untersten Tieren noch äußerst gering. Daher kommt es zum Beispiel, dass Insekten, die ihren abgerissenen und bloß an einem Darm hängenden Hinterleib nach sich schleppen, dabei noch fressen. Aber sogar bei den obersten Tieren kommt wegen Abwesenheit der Begriffe und des Denkens der Schmerz dem des Menschen noch nicht nahe. Auch durfte die Fähigkeit zu diesem ihren Höhepunkt erst da erreichen, wo vermöge der Vernunft und ihrer Besonnenheit auch die Möglichkeit zur Verneinung des Willens vorhanden ist. Denn ohne diese wäre sie eine zwecklose Grausamkeit gewesen.

§ 155 In früher Jugend sitzen wir vor unserem bevorstehenden Lebenslauf wie die Kinder vor dem Theatervorhang, in froher und gespannter Erwartung der Dinge, die da kommen sollen. Ein Glück, dass wir nicht wissen, was wirklich kommen wird. Denn wer es weiß, dem können zuzeiten die Kinder vorkommen wie unschuldige Delinquenten, die zwar nicht zum Tode, hingegen zum Leben verurteilt sind, jedoch den Inhalt ihres Urteils noch nicht vernommen haben. – Nichtsdestoweniger wünscht jeder sich ein hohes Alter, also einen Zustand, darin es heißt: „Es ist heute schlecht und wird nun täglich schlechter werden – bis das Schlimmste kommt.“

§ 156 Wenn man, so weit es annäherungsweise möglich ist, die Summe von Not, Schmerz und Leiden jeder Art sich vorstellt, welche die Sonne in ihrem Laufe bescheint, so wird man einräumen, dass es viel besser wäre, wenn sie auf der Erde so wenig wie auf dem Monde hätte das Phänomen des Lebens hervorrufen können, sondern, wie auf diesem, so auch auf jener die Oberfläche sich noch im kristallinischen Zustande sich befände. […]

Wenn auch die Leibniz'sche Demonstration, dass unter den *möglichen* Welten diese immer noch die beste sei, richtig wäre, so gäbe sie doch noch keine *Theodizee*[34]. Denn der Schöpfer hat ja nicht bloß die Welt, sondern auch die Möglichkeit selbst geschaffen. Er hätte demnach diese darauf einrichten sollen, dass sie eine bessere Welt zuließe. [...]

---

[34]   Rechtfertigung Gottes angesichts des Leids in der Welt; ein erstmals von Leibniz geprägter Ausdruck.

Über den Selbstmord

§ 157 Soviel ich sehe, sind es allein die monotheistischen, also jüdischen Religionen, deren Bekenner die Selbsttötung als ein Verbrechen betrachten. Dies ist umso auffallender, als weder im Alten noch im Neuen Testament irgendein Verbot oder auch nur eine entschiedene Missbilligung derselben zu finden ist; daher denn die Religionslehrer ihre Verpönung des Selbstmordes auf ihre eigenen philosophischen Gründe zu stützen haben, um welche es aber so schlecht steht, dass sie, was den Argumenten an Stärke abgeht, durch die Stärke der Ausdrücke ihres Abscheus, also durch Schimpfen, zu ersetzen suchen. Da müssen wir denn hören, Selbstmord sei die größte Feigheit, sei nur im Wahnsinn möglich, und dergleichen Abgeschmacktheiten mehr, oder auch die ganze sinnlose Phrase, der Selbstmord sei „unrecht", während doch offenbar jeder auf nichts in der Welt ein so unbestreitbares Recht hat wie auf seine eigene Person und Leben. Sogar den Verbrechen wird, wie gesagt, der Selbstmord beigezählt, und daran knüpft sich, zumal im pöbelhaft bigotten England, ein schimpfliches Begräbnis und die Einziehung des Nachlasses – weshalb die Jury fast immer auf Wahnsinn erkennt. Man lasse hierüber zunächst einmal das moralische Gefühl entscheiden und vergleiche den Eindruck, welchen die Nachricht, dass ein Bekannter ein Verbrechen, also einen Mord, eine Grausamkeit, einen Betrug, einen Diebstahl begangen habe, auf uns macht, mit dem der Nachricht von seinem freiwilligen Tode. Während die erstere lebhafte Indignation, höchsten Unwillen, Aufruf zur Bestrafung oder zur Rache hervorruft, wird die letztere Wehmut und Mitleid erregen, denen sich wohl öfter eine gewisse Bewunderung seines Mutes als die moralische Missbilligung, welche eine schlechte Handlung begleitet, beimischt. Wer hat nicht Bekannte, Freunde, Verwandte gehabt, die freiwillig aus der Welt geschieden sind – und an diese sollte jeder mit Abscheu denken als an Verbrecher? *Nego ac pernego.*[35] Vielmehr bin ich der Meinung, dass die Geistlichkeit einmal aufgefordert werden sollte, Rede zu stehen, mit welcher Befugnis sie, ohne irgendeine biblische Autorität aufweisen zu können, ja auch nur irgendwelche stichhaltige philosophische Argumente zu haben, von der Kanzel und in Schriften eine Handlung, die viele von uns geehrte und geliebte Menschen begangen haben, zum *Verbrechen* stempelt und denen, die freiwillig aus der Welt gehen, das ehrbare Begräbnis verweigert. Wobei aber festzustellen, dass man *Gründe* verlangt, nicht aber leere Redensarten oder Schimpfworte dafür annehmen wird. – Wenn die Kriminaljustiz den Selbstmord verpönt, so ist dies kein kirchlich gültiger Grund und überdies entschieden lächerlich: Denn welche Strafe kann den abschrecken, der den Tod sucht? – Bestraft man den *Versuch* zum Selbstmord, so ist es die Ungeschicklichkeit, durch welche er misslang, die man bestraft.

Auch waren die Alten weit davon entfernt, die Sache in jenem Lichte zu betrachten. [...] Und wie viele Helden und Weise des Altertums haben nicht ihr Leben durch freiwilligen Tod geendet! [...] Nun gar von den Stoikern finden wir den Selbstmord als eine edle und heldenmütige Handlung gepriesen, was sich durch Hunderte von Stellen, die stärksten aus dem Seneca, belegen ließe. Bei den Hindu ferner kommt bekanntlich die Selbsttötung oft als religiöse Handlung vor, namentlich als Witwenverbrennung, auch als Hinwerfen unter die Räder des Götterwagens zu Jaggernaut, als Sichpreisgeben den Krokodilen des Ganges oder heiliger Tempelteiche und sonst. Ebenso auf dem Theater, diesem Spiegel des Lebens [...]

---

[35] Nein und abermals nein!

Ist Hamlets Monolog die Meditation eines Verbrechens? Er besagt bloß, dass, wenn wir gewiss wären, durch den Tod absolut vernichtet zu werden, er angesichts der Beschaffenheit der Welt unbedingt zu wählen sein würde. *But there lies the rub.*[36] – Die Gründe aber gegen den Selbstmord, welche von den Geistlichen der monotheistischen, das ist jüdischen Religionen und den ihnen sich anbequemenden Philosophen aufgestellt werden, sind schwache, leicht zu widerlegende Sophismen. […] Die gründlichste Widerlegung derselben hat Hume geliefert in seinem Essay *On Suicide*, der erst nach seinem Tod erschienen ist und von der schimpflichen Bigotterie und schmählichen Pfaffenherrschaft in England sogleich unterdrückt wurde; daher nur sehr wenige Exemplare heimlich und zu teurem Preise verkauft wurden […] Dass aber eine rein philosophische, mit kalter Vernunft die gangbaren Gründe gegen den Selbstmord widerlegende und von einem der ersten Denker und Schriftsteller Englands herrührende Abhandlung sich hat daselbst heimlich, wie ein Bubenstück, durchschleichen müssen, bis sie im Auslande Schutz fand, gereicht der englischen Nation zu großer Schande. Zugleich zeigt es, was für ein gutes Gewissen die Kirche in diesem Punkte hat. – Den allein triftigen moralischen Grund gegen den Selbstmord habe ich dargelegt in meinem Hauptwerk Band 1, § 69. Er liegt darin, dass der Selbstmord der Erreichung des höchsten moralischen Zieles entgegensteht, indem er der wirklichen Erlösung aus dieser Welt des Jammers eine bloß scheinbare unterschiebt. Allein von dieser Verirrung bis zu einem Verbrechen, wozu ihn die christliche Geistlichkeit stempeln will, ist noch ein sehr weiter Weg.

Das Christentum trägt in seinem Innersten die Wahrheit, dass das Leiden (Kreuz) der eigentliche Zweck des Lebens ist. Daher verwirft es als diesem entgegenstehend den Selbstmord, welchen hingegen das Altertum von einem niedrigen Standpunkt aus billigte, ja ehrte. Jener Grund gegen den Selbstmord

---

[36] Doch da liegt der Hase im Pfeffer.

ist jedoch ein asketischer, gilt also nur von einem viel höheren ethischen Standpunkt aus als der, den europäische Moralphilosophen jemals eingenommen haben. Steigen wir aber von jenem sehr hohen Standpunkt herab, so gibt es keinen haltbaren moralischen Grund mehr, den Selbstmord zu verdammen. Der außerordentlich lebhafte und doch weder durch die Bibel noch durch triftige Gründe unterstützte Eifer der Geistlichkeit monotheistischer Religionen gegen denselben scheint daher auf einem verfehlten Grunde beruhen zu müssen, sollte es nicht dieser sein, dass das freiwillige Aufgeben des Lebens ein schlechtes Kompliment ist für den, welcher gesagt hat *pánta kalá lían*[37]? –

So wäre es denn abermals der obligate Optimismus dieser Religionen, welcher die Selbsttötung anklagt, um nicht von ihr angeklagt zu werden.

§ 158 Im Ganzen wird man finden, dass, sobald es dahin gekommen ist, dass die Schrecknisse des Lebens die Schrecknisse des Todes überwiegen, der Mensch seinem Leben ein Ende macht. Der Widerstand der Letzteren ist jedoch bedeutend: Sie stehen gleichsam als Wächter vor der Ausgangspforte. Vielleicht lebt keiner, der nicht schon seinem Leben ein Ende gemacht hätte, wenn dies Ende etwas rein Negatives wäre, ein plötzliches Aufhören des Daseins. – Allein es ist etwas Positives dabei: die Zerstörung des Leibes. Diese scheucht zurück, eben weil der Leib die Erscheinung des Willens zum Leben ist.

Inzwischen ist der Kampf mit jenen Wächtern in der Regel nicht so schwer, wie es uns von Weitem scheinen mag, und zwar infolge des Antagonismus zwischen geistigen und körperlichen Leiden. Nämlich wenn wir körperlich sehr schwer oder anhaltend leiden, werden wir gegen allen anderen Kummer gleichgültig: Unsere Herstellung allein liegt uns am Herzen. Ebenso nun machen starke geistige Leiden uns gegen körperli-

---

[37] Alles war sehr gut; vgl. den Schöpfungsbericht Gen 1,31.

che unempfindlich: Wir verachten sie. Ja, wenn sie etwa das Übergewicht erlangen, so ist uns dies eine wohltuende Zerstreuung, eine Pause der geistigen Leiden. Dies eben ist es, was den Selbstmord erleichtert, indem der mit demselben verknüpfte körperliche Schmerz in den Augen des von übergroßen geistigen Leiden Gepeinigten alle Wichtigkeit verliert. Besonders sichtbar wird dies an denen, welche durch rein krankhafte, tiefe Missstimmung zum Selbstmord getrieben werden. Diesen kostet er gar keine Selbstüberwindung: Sie brauchen gar keinen Anlauf dazu zu nehmen, sondern sobald der ihnen beigegebene Hüter sie auf zwei Minuten allein lässt, machen sie rasch ihrem Leben ein Ende.

§ 159 Wenn in schweren, grauenhaften Träumen die Beängstigung den höchsten Grad erreicht, so bringt eben sie selbst uns zum Erwachen, durch welches alle jene Ungeheuer der Nacht verschwinden. Dasselbe geschieht im Traum des Lebens, wenn der höchste Grad der Beängstigung uns nötigt, ihn abzubrechen.

§ 160 Der Selbstmord kann auch angesehen werden als ein Experiment, eine Frage, die man der Natur stellt und die Antwort darauf erzwingen will: nämlich welche Änderung das Dasein und die Erkenntnis des Menschen durch den Tod erfahre. Aber es ist ein ungeschicktes, denn es hebt die Identität des Bewusstseins, welches die Antwort zu vernehmen hätte, auf.

Nachträge zur Lehre von der Bejahung und Verneinung des Willens zum Leben

§ 162 Zwischen der Ethik der Griechen und der Hindu ist ein greller Gegensatz. Jene (wiewohl mit Ausnahme des Platon) hat zum Zweck die Befähigung, ein glückliches Leben, *vitam beatam*, zu führen; diese hingegen die Befreiung und Erlösung vom Leben überhaupt [...]

Einen hiermit verwandten und durch die Anschaulichkeit stärkeren Kontrast wird man erhalten, wenn man den schönen antiken Sarkophag auf der Galerie zu Florenz betrachtet, dessen Reliefs die ganze Reihe der Zeremonien einer Hochzeit, vom ersten Antrag an bis wo Hymens Fackel zum Torus leuchtet, darstellen, und nun daneben sich den christlichen Sarg denkt, schwarz behängt zum Zeichen der Trauer und mit dem Kruzifix darauf. Der Gegensatz ist ein höchst bedeutsamer. Beide wollen über den Tod trösten, beide auf entgegengesetzte Weise, und beide haben recht. Der eine bezeichnet die Bejahung des Willens zum Leben, als welcher das Leben alle Zeit hindurch gewiss bleibt, so schnell auch die Gestalten wechseln mögen. Der andere bezeichnet durch die Symbole des Leidens und des Todes die Verneinung des Willens zum Leben und die Erlösung aus einer Welt, wo Tod und Teufel regieren; *donec voluntas fiat noluntas.*[38]

Zwischen dem Geist des griechisch-römischen Heidentums und dem des Christentums ist der eigentliche Gegensatz der der Bejahung und Verneinung des Willens zum Leben – wonach an letzter Stelle das Christentum im Grunde Recht behält.

---

[38] Solange das Wollen besteht, werde das Nicht-Wollen.

§ 164 Wer etwas tiefer zu denken fähig ist, wird bald absehen, dass die menschlichen Begierden nicht erst auf dem Punkte anfangen können, sündlich zu sein, wo sie, in ihren individuellen Richtungen einander zufällig durchkreuzend, Übel von der einen und Böses von der anderen Seite veranlassen, sondern dass, wenn dieses ist, sie auch schon ursprünglich und ihrem Wesen nach sündlich und verwerflich sein müssen, folglich der ganze Wille zum Leben selbst ein verwerflicher ist. Ist ja doch aller Gräuel und Jammer, davon die Welt voll ist, bloß das notwendige Resultat der gesamten Charaktere, in welchen der Wille zum Leben sich objektiviert, unter den an der ununterbrochenen Kette der Notwendigkeit eintretenden Umständen, welche ihnen die Motive liefern; also der bloße Kommentar zur Bejahung des Willens zum Leben [...] Dass unser Dasein selbst eine Schuld impliziert, beweist der Tod.

§ 168 Ein *Kloster* ist ein Zusammentreten von Menschen, die Armut, Keuschheit, Gehorsam (das ist Entsagung dem Eigenwillen) gelobt haben und sich durch das Zusammenleben teils die Existenz selbst, noch mehr aber jenen Zustand schwerer Entsagung zu erleichtern suchen, indem der Anblick ähnlich Gesinnter und auf gleiche Weise Entsagender ihren Entschluss stärkt und sie tröstet, sodann die Geselligkeit des Zusammenlebens in gewissen Schranken der menschlichen Natur angemessen und eine unschuldige Erholung bei vielen und schweren Entbehrungen ist. Dies ist der Normalbegriff der *Klöster*.

Der innere Geist und Sinn des echten Klosterlebens wie der Askese überhaupt ist dieser, dass man sich eines besseren Daseins, als unseres ist, würdig und fähig erkannt hat und diese Überzeugung dadurch bekräftigen und erhalten will, dass man, was diese Welt bietet, verachtet, alle ihre Genüsse als wertlos von sich wirft und nun das Ende dieses, seines eitlen Köders beraubten Lebens mit Ruhe und Zuversicht abwartet, um einst die Stunde des Todes als die der Erlösung willkommen zu heißen. Das Sanyasi-tum hat ganz dieselbe Tendenz und Bedeutung, und ebenso das Mönchtum der Buddhisten. Allerdings entspricht bei keiner Sache die Praxis so selten der Theorie wie beim Mönchtum, eben weil der Grundgedanke desselben so erhaben ist und *abusus optimi pessimus*[39]. Ein echter Mönch ist ein höchst ehrwürdiges Wesen, aber in den allermeisten Fällen ist die Kutte ein bloßer Maskenanzug, in welchem so wenig wie in dem auf der Maskerade ein wirklicher Mönch steckt.

§ 169 Zur Verneinung des eigenen Willens ist die Vorstellung dass man sich einem fremden, individuellen Willen gänzlich und ohne Rückhalt unterwerfe und ergebe, ein psychisches Erleichterungsmittel und daher ein passendes allegorisches Vehikel der Wahrheit.

§ 172 a Wenn, wie ich gesagt habe, jedes *Menschenleben*, im Ganzen überblickt, die Eigenschaften eines Trauerspiels zeigt und wir sehen, dass das Leben in der Regel nichts anderes ist als eine Reihe fehlgeschlagener Hoffnungen, vereitelter Entwürfe und zu spät erkannter Irrtümer, und an ihm der traurige Vers seine Wahrheit behauptet:

Then old age and experience, hand in hand,
Lead him to death and make him understand,
After a search so painfull and so long,
That all his life he has been in the wrong[40],

so stimmt dies ganz und gar mit meiner Weltansicht überein, welche das Dasein selbst betrachtet als etwas, das besser nicht wäre, als eine Art Verirrung, von der die Erkenntnis derselben uns zurückbringen soll. [...]

---

[39] Der Missbrauch des Besten ist am allerschlimmsten.

[40] Dann führten ihn Alter und Erfahrung Hand in Hand dem Tod entgegen und gaben ihm nach einer so schmerzhaften und langen Suche zu verstehen, dass er sein ganzes Leben lang falsch gelegen hatte.

Das Leben ist durchaus anzusehen als eine *strenge Lektion*, die uns erteilt wird, wenngleich wir mit unsern auf ganz andere Zwecke angelegten Denkformen nicht verstehen können, wie wir haben dazu kommen können, ihrer zu bedürfen. Demgemäß aber sollen wir auf unsere hingeschiedenen Freunde zurücksehen mit Befriedigung, erwägend, dass sie ihre Lektion überstanden haben, und mit dem herzlichen Wunsch, dass sie angeschlagen habe; und vom selben Gesichtspunkt aus sollen wir unserem eigenen Tod entgegensehen als einer erwünschten und erfreulichen Begebenheit – statt, wie meistens geschieht, mit Zagen und Grausen. –

Ein *glückliches Leben* ist unmöglich. Das höchste, was der Mensch erlangen kann, ist ein *heroischer Lebenslauf.* Einen solchen führt der, welcher in irgendeiner Art und Angelegenheit für das allen irgendwie zugute Kommende mit übergroßen Schwierigkeiten kämpft und am Ende siegt, dabei aber schlecht oder gar nicht belohnt wird. Dann bleibt er am Schluss, wie der Prinz im *Re cervo* des Gozzi, versteinert, aber in edler Stellung und mit großmütiger Gebärde stehen. Sein Andenken bleibt und wird als das eines *Heros* gefeiert; sein *Wille*, durch Mühe und Arbeit, schlechten Erfolg und Undank der Welt ein ganzes Leben hindurch mortifiziert, *erlischt* in dem *Nirwana.* […]

§ 173 Können wir nun durch Betrachtungen wie die obigen, also von einem sehr hohen Standpunkt aus, eine Rechtfertigung der Leiden der Menschen absehen, so erstreckt jedoch diese sich nicht auf die Tiere, deren Leiden zwar großenteils durch den Menschen herbeigeführt, oft aber auch ohne dessen Zutun, bedeutend sind. […] Da drängt sich also die Frage auf: Wozu dieser gequälte, geängstigte Wille in so tausendfachen Gestalten ohne die durch Besonnenheit bedingte Freiheit zur Erlösung? – Das Leiden der Tierwelt ist bloß daraus zu rechtfertigen, dass der Wille zum Leben, weil außer ihm in der Erscheinungswelt gar nichts vorhanden und er ein hungriger Wille ist, *an seinem eigenen Fleische* zehren muss. Daher die Stufenfolge seiner Erscheinungen, deren jede auf Kosten einer anderen lebt. Ferner verweise ich auf § 153 und § 154 zurück, welche dartun, dass die Fähigkeit zum Leiden im Tiere sehr viel geringer ist als im Menschen. Was sich aber darüber hinaus noch beibringen ließe, würde hypothetisch, ja sogar mythisch ausfallen, mag also der eigenen Spekulation des Lesers überlassen bleiben.

Über Religion

§ 175 *Glaube und Wissen*

Die Philosophie hat, als eine Wissenschaft, es durchaus nicht damit zu tun, was *geglaubt* werden soll oder darf, sondern bloß damit, was man *wissen* kann. Sollte nun dieses auch etwas ganz anderes sein, als was man zu glauben hat, so wäre selbst für den Glauben dies kein Nachteil. Denn dafür ist er Glaube, dass er lehrt, was man nicht wissen kann. Könnte man es wissen, so würde der Glaube als unnütz und lächerlich dastehen, etwa wie wenn hinsichtlich der Mathematik eine Glaubenslehre aufgestellt würde.

Hiergegen ließe sich nun aber einwenden, dass zwar der Glaube immerhin mehr, und viel mehr, als die Philosophie lehren könne, jedoch nichts mit den Ergebnissen dieser Unvereinbares, weil nämlich das Wissen aus einem härteren Stoff ist als der Glaube, sodass, wenn sie gegeneinander stoßen, dieser bricht.

Jedenfalls sind beide von Grund auf verschiedene Dinge, die, zu ihrem beiderseitigen Wohl, streng geschieden bleiben müssen, sodass jedes seinen Weg gehe, ohne vom anderen auch nur Notiz zu nehmen.

§ 176 *Offenbarung*

Die ephemeren Geschlechter der Menschen entstehen und vergehen in rascher Sukzession, während die Individuen unter Angst, Not und Schmerz dem Tode in die Arme tanzen. Dabei fragen sie unermüdlich, was es mit ihnen sei und was die ganze tragikomische Posse zu bedeuten habe, und rufen den Himmel an um Antwort. Aber der Himmel bleibt stumm. Hingegen kommen Pfaffen mit Offenbarungen.

Unter dem vielen Harten und Beklagenswerten des Menschenloses ist keines der Geringsten dieses, dass wir da sind, ohne zu wissen woher, wohin und wozu. Wer eben vom Gefühl dieses Übels ergriffen und durchdrungen ist, wird kaum umhin können, einige Erbitterung zu verspüren gegen diejenigen, welche vorgeben, Spezialnachrichten darüber zu haben, die sie unter dem Namen von Offenbarungen uns mitteilen wollen. – Den Herren von der Offenbarung möchte ich raten, heutzutage nicht so viel von der Offenbarung zu reden, sonst ihnen leicht einmal offenbar werden könnte, was eigentlich die Offenbarung ist. –

Der aber ist nur noch ein großes Kind, welcher im Ernst denken kann, dass jemals Wesen, die keine Menschen waren, unserem Geschlecht Aufschlüsse über sein und der Welt Dasein und Zweck gegeben hätten. Es gibt keine andere Offenbarung als die Gedanken der Weisen, wenn auch diese, dem Lose alles Menschlichen gemäß, dem Irrtum unterworfen, auch oft in wunderliche Allegorien und Mythen eingekleidet sind, wo sie dann Religionen heißen. Insofern ist es also einerlei, ob einer im Verlass auf eigene oder auf fremde Gedanken lebt und stirbt. Denn immer sind es nur menschliche Gedanken, denen er vertraut, und menschliches Bedünken. Jedoch haben die Menschen in der Regel die Schwäche, lieber anderen, welche übernatürliche Quellen vorgeben, als ihrem eigenen Kopfe zu trauen. Fassen wir nun aber die so überaus große intellektuelle Ungleichheit zwischen Mensch und Mensch ins Auge, so können allenfalls wohl die Gedanken des einen dem anderen gewissermaßen als Offenbarung gelten. –

Hingegen das Grundgeheimnis und die Urlist aller Pfaffen auf der ganzen Erde und zu allen Zeiten, mögen sie brahmanische oder mohammedanische, buddhistische oder christliche sein, ist Folgendes: Sie haben die große Stärke und Unvertilgbarkeit des metaphysischen Bedürfnisses des Menschen richtig erkannt und wohl gefasst. Nun geben sie vor, die Befriedigung desselben zu besitzen, indem das Wort des großen Rätsels ihnen auf außerordentlichem Wege direkt zugekommen wäre. Dies nun den Menschen einmal eingeredet, können sie solche leiten und beherrschen, nach Herzenslust. Von den Regenten gehen daher die klügeren eine Allianz mit ihnen ein; die anderen werden selbst von ihnen beherrscht. Kommt aber einmal als die seltenste aller Ausnahmen ein Philosoph auf den Thron, so entsteht die ungelegenste Störung der ganzen Komödie.

§ 178 *Über Theismus*
Wie der Polytheismus die Personifikation einzelner Teile und Kräfte der Natur ist, so ist der Monotheismus die der ganzen Natur – mit einem Schlage.

Wenn ich aber suche, mir vorstellig zu machen, dass ich vor einem individuellen Wesen stände, zu dem ich sagte: „Mein Schöpfer! Ich bin einst nicht gewesen, du aber hast mich hervorgebracht, sodass ich jetzt etwas, und zwar ich, bin" – und dazu noch: „Ich danke dir für diese Wohltat" – und am Ende gar: „Wenn ich nichts getaugt habe, so ist das *meine* Schuld" – so muss ich gestehen, dass infolge philosophischer und indischer Studien mein Kopf unfähig geworden ist, einen solchen Gedanken auszuhalten. […]

Ob man sich ein *Idol* macht aus Holz, Stein, Metall, oder es zusammensetzt aus abstrakten Begriffen, ist einerlei: Es bleibt *Idolatrie*, sobald man ein persönliches Wesen vor sich hat, dem man opfert, das man anruft, dem man dankt. Es ist auch im Grunde so verschieden nicht, ob man seine Schafe oder seine Neigungen opfert. Jeder Ritus oder Gebet zeugt unwidersprechlich von *Idolatrie*. Daher stimmen die mystischen Sekten aus allen Religionen darin überein, dass sie allen Ritus für ihre Adepten aufheben.

§ 182 Eine Religion, die zu ihrem Fundament eine *einzelne Begebenheit* hat, ja aus dieser, die sich da und da, dann und dann zugetragen, den Wendepunkt der Welt und alles Daseins machen will, hat ein so schwaches Fundament, dass sie unmöglich bestehen kann, sobald einiges Nachdenken unter die Leute gekommen. Wie weise ist dagegen im Buddhismus die Annahme der tausend Buddhas! Damit es nicht sich ausnehme wie im Christentum, wo *Jesus Christus* die Welt erlöst hat und außer ihm kein Heil möglich ist – aber viertausend Jahre, deren Denkmale in Ägypten, Asien und Europa groß und herrlich dastehen, nichts von ihm wissen konnten und jene Zeitalter mit aller ihrer Herrlichkeit unbesehen zum Teufel fuhren! Die vielen Buddhas sind notwendig, weil am Ende jedes Kalpas[41] die Welt untergeht und mit ihr die Lehre, also eine neue Welt einen neuen Buddha verlangt. Das Heil ist immer da. –

Dass die *Zivilisation* unter den *christlichen* Völkern am höchsten steht, liegt nicht daran, dass das *Christentum* ihr günstig, sondern daran, dass es abgestorben ist und wenig Einfluss mehr hat. Solange es ihn hatte, war die Zivilisation weit zurück: im Mittelalter. Hingegen haben *Islam, Brahmanismus* und *Buddhismus* noch durchgreifenden Einfluss aufs Leben: in China noch am wenigsten, daher die Zivilisation der europäischen ziemlich gleich kommt. Alle *Religion* steht im Antagonismus mit der Kultur.

In früheren Jahrhunderten war die Religion ein Wald, hinter welchem Heere halten und sich decken konnten. Der Versuch, dies in unseren Tagen zu wiederholen, ist schlecht abgelaufen. Denn nach so vielen Fällungen ist sie nur noch ein Buschwerk, hinter welchem gelegentlich Gauner sich verstecken. Man hat dieserhalb sich vor denen zu hüten, die sie in alles hineinziehen möchten, und begegne ihnen mit dem oben angezogenen Sprichwort: *detras de la cruz está el diablo.*[42]

---

[41]   Weltperiode; längster Zeitabschnitt des kosmologischen Zyklus in Hinduismus und Buddhismus.

[42]   Hinter dem Kreuz verbirgt sich der Teufel.

Über das Schöne[43]

§ 210 Dass die Eindrücke, welche wir in der Jugend erhalten, so bedeutsam sind und im Morgenrote des Lebens alles so idealisch, so verklärt, sich uns darstellt, entspringt daraus, dass alsdann noch das Einzelne uns mit seiner Gattung allererst bekanntmacht, welche uns noch neu ist, jedes Einzelne also seine Gattung für uns vertritt. Demnach erfassen wir darin die (platonische) *Idee* dieser Gattung, welcher als solcher die Schönheit wesentlich ist.

§ 211 *„Schön"* ist, ohne Zweifel, verwandt mit dem englischen *to shew* und wäre demnach *shewy*, schaulich, *what shews well*, was sich gut zeigt, sich gut ausnimmt, also das deutlich hervortretende Anschauliche, mithin der deutliche Ausdruck bedeutsamer (platonischer) Ideen.

„Malerisch" bedeutet im Grunde dasselbe wie schön, denn es wird dem Ding beigelegt, was sich so darstellt, dass es die Idee seiner Gattung deutlich an den Tag legt; daher es zur Darstellung des Malers taugt, welcher eben auf Darstellung, Hervorhebung der Ideen, die ja das Objektive im Schönen ausmachen, gerichtet ist.

§ 219 Allgemein und zugleich populär redend kann man den Ausspruch wagen: Die Musik überhaupt ist die Melodie, zu der die Welt der Text ist. […]

---

[43] Die Wahl dieser Kapitelüberschrift weicht ausnahmsweise vom Original ab. Die hier angeführten Paragrafen finden sich im Original in den Kapiteln „Zur Metaphysik des Schönen und Ästhetik" bzw. „Über Urteil, Kritik, Beifall und Ruhm".

§ 220 Die *große Oper* ist eigentlich kein Erzeugnis des reinen Kunstsinnes, vielmehr des etwas barbarischen Begriffs von Erhöhung des ästhetischen Genusses mittels Anhäufung der Mittel, Gleichzeitigkeit ganz verschiedenartiger Eindrücke und Verstärkung der Wirkung durch Vermehrung der wirkenden Masse und Kräfte, während doch die Musik, als die mächtigste aller Künste, für sich allein den für sie empfänglichen Geist vollkommen auszufüllen vermag, ja, ihre höchsten Produktionen, um gehörig aufgefasst und genossen zu werden, den ganzen ungeteilten und unzerstreuten Geist verlangen, damit er sich ihnen hingebe und sich in sie versenke, um ihre so unglaublich innige Sprache ganz zu verstehen. [...]

§ 236 Mit dem nicht geschmackvoll gewählten Ausdruck *Geschmack* bezeichnet man diejenigen Auffindungen oder auch bloße Anerkennung, des *ästhetisch Richtigen*, welche ohne Anleitung einer Regel geschieht, indem entweder keine Regel sich bis dahin erstreckt oder auch dieselbe dem Ausübenden, respektive bloß Urteilenden nicht bekannt war. – Statt Geschmack würde man *ästhetisches Gefühl* sagen können, wenn dies nicht eine Tautologie enthielte.

Der auffassende, urteilende Geschmack ist gleichsam das Weibliche zum Männlichen des produktiven Talents oder Genies. Nicht fähig zu *erzeugen*, besteht er in der Fähigkeit zu *empfangen*, das heißt das Rechte, Schöne, das Passende als solches zu erkennen – wie auch dessen Gegenteil; also das Gute vom Schlechten zu unterscheiden, jenes herauszufinden und zu würdigen, dieses zu verwerfen.

§ 237 Die *Schriftsteller* kann man einteilen in Sternschnuppen, Planeten und Fixsterne. – Die Ersteren liefern die momentanen Knalleffekte: Man schauet auf, ruft „siehe da!", und auf immer sind sie verschwunden. – Die Zweiten, also die Irr- und Wandelsterne, haben viel mehr Bestand. Sie glänzen, wiewohl bloß vermöge ihrer Nähe, oft heller als die Fixsterne und werden von Nichtkennern mit diesen verwechselt. Inzwischen müssen auch sie ihren Platz bald räumen, haben zudem nur geborgtes Licht und eine auf ihre Bahngenossen (Zeitgenossen) beschränkte Wirkungssphäre. Sie wandeln und wechseln. Ein Umlauf von einigen Jahren Dauer ist ihre Sache. – Die Dritten allein sind unwandelbar, stehen fest am Firmament, haben eigenes Licht, wirken zu einer Zeit wie zur andern, indem sie ihr Ansehen nicht durch die Veränderung unseres Standpunktes ändern, da sie keine Parallaxe[44] haben. Sie gehören nicht, wie jene anderen, *einem* System (Nation) allein an, sondern der Welt. Aber eben wegen der Höhe ihrer Stelle braucht ihr Licht meistens viele Jahre, ehe es dem Erdbewohner sichtbar wird.

§ 238 Zum Maßstab eines *Genies* soll man nicht die Fehler in seinen Produktionen oder die schwächeren seiner Werke nehmen, um es dann danach tiefzustellen, sondern bloß sein Vortrefflichstes. Denn auch im Intellektuellen kleben Schwäche und Verkehrtheit der menschlichen Natur so fest an, dass selbst der glänzendste Geist nicht durchweg und jederzeit von ihnen frei ist. Daher die großen Fehler, welche sogar in den Werken der größten Männer sich nachweisen lassen […] Was hingegen das Genie auszeichnet und daher sein Maßstab sein sollte, ist die Höhe, zu der es sich, als Zeit und Stimmung günstig waren, hat aufschwingen können, und welche den gewöhnlichen Talenten ewig unerreichbar bleibt. Imgleichen ist es sehr misslich, große Männer in derselben Gattung, also etwa große Dichter, große Musiker, Philosophen, Künstler miteinander zu vergleichen, weil man dabei fast unvermeidlich wenigstens für den Augenblick ungerecht wird. Alsdann nämlich fasst man den eigentümlichen Vorzug des einen ins Auge und findet sofort, dass er dem anderen abgeht, wodurch dieser her-

---

[44] Scheinbare Veränderung der Position eines Objektes bei Standortwechsel des Beobachters.

abgesetzt wird. Aber geht man wiederum von dem diesem anderen eigentümlichen, ganz andersartigen Vorzug aus, so wird man vergeblich nach ihm bei jenem Ersteren suchen, sodass demnach jetzt dieser ebenfalls unverdiente Herabsetzung erleidet.

§ 238 a Kritiker gibt es, deren jeder vermeint, bei ihm stände es, was gut und was schlecht sein solle, indem er seine Kindertrompete für die Posaune der Fama hält. –

Wie eine Arznei nicht ihren Zweck erwirkt, wenn die Dosis zu stark gewesen, ebenso ist es mit *Strafreden* und *Kritiken*, wenn sie das Maß der Gerechtigkeit überschreiten.

§ 240 Wie nun aber doch die Sonne eines Auges bedarf, um zu leuchten, die Musik eines Ohres, um zu tönen, so ist auch der Wert aller Meisterwerke in Kunst und Wissenschaft bedingt durch den verwandten, ihnen gewachsenen Geist, zu dem sie reden. Nur er besitzt das Zauberwort, wodurch die in solche Werke gebannten Geister rege werden und sich zeigen. Der gemeine Kopf steht vor ihnen wie vor einem verschlossenen Zauberschrank oder vor einem Instrumente, das er nicht zu spielen versteht, dem er daher nur ungeregelte Töne entlockt, wie gern er auch hierüber sich selber täuscht. Und wie dasselbe Ölgemälde, gesehen in einem finsteren Winkel oder aber wenn die Sonne darauf scheint – so verschieden ist der Eindruck desselben Meisterwerks nach Maßgabe des Kopfes, der es auffasst. Demnach bedarf ein schönes Werk eines empfindenden Geistes, ein gedachtes Werk eines denkenden Geistes, um wirklich da zu sein und zu leben. Allein, nur gar zu oft kann dem, der ein solches Werk in die Welt schickt, nachher zumute werden wie einem Feuerwerker, der sein lange und mühsam vorbereitetes Erzeugnis endlich mit Enthusiasmus abgebrannt hat und dann erfährt, dass er damit an den unrechten Ort gekommen und sämtliche Zuschauer die Zöglinge der Blindenanstalt gewesen seien. Und doch ist er so immer

noch besser daran, als wenn er ein Publikum von lauter Feuer-
werkern gehabt hätte, da in diesem Fall, wenn seine Leistung
außerordentlich gewesen, sie ihm den Hals hätte kosten können.

ÜBER GELEHRSAMKEIT UND GELEHRTE

§ 245 Studierende und Studierte aller Art und jedes Alters gehen in der Regel nur auf *Kunde* aus, nicht auf *Einsicht*. Sie setzen ihre Ehre darein, von allem Kunde zu haben, von allen Steinen oder Pflanzen oder Bataillen[45] oder Experimenten und samt und sonders von allen Büchern. Dass die Kunde ein bloßes *Mittel* zur Einsicht sei, an sich aber wenig oder keinen Wert habe, fällt ihnen nicht ein, ist hingegen die Denkungsart, welche den philosophischen Kopf charakterisiert. Bei der imposanten Gelehrsamkeit jener Vielwisser sage ich mir bisweilen: O wie wenig muss doch einer zu denken gehabt haben, damit er so viel hat lesen können! Sogar wenn vom älteren Plinius berichtet wird, dass er beständig las oder sich vorlesen ließ, bei Tische, auf Reisen, im Bade, so drängt sich mir die Frage auf, ob denn der Mann so großen Mangel an eigenen Gedanken gehabt habe, dass ihm ohne Unterlass fremde eingeflößt werden mussten, wie dem an der Auszehrung Leidenden ein *consommé*, ihn am Leben zu erhalten. Und von seinem Selbstdenken mir hohe Begriffe zu geben ist weder seine urteilslose Leichtgläubigkeit noch sein unaussprechlich widerwärtiger, schwer verständlicher, papiersparender Kollektaneenstil geeignet.

§ 246 Wie nun das viele *Lesen und Lernen* dem eigenen Denken Abbruch tut, so entwöhnt das viele *Schreiben und Lehren* den Menschen von der Deutlichkeit und eo ipso Gründlichkeit des *Wissens und Verstehens*, weil es ihm nicht Zeit lässt, diese zu erlangen. Da muss er dann, in seinem Vortrage, die

---

[45] Schlachten.

Lücken seines deutlichen Erkennens mit Worten und Phrasen ausfüllen. Dies ist es, was die meisten Bücher so unendlich langweilig macht, und nicht die Trockenheit des Gegenstandes. Denn wie behauptet wird, ein guter Koch könne sogar eine alte Schuhsohle genießbar herrichten, so kann ein guter Schriftsteller den trockensten Gegenstand unterhaltsam machen.

§ 247 Den bei Weitem allermeisten Gelehrten ist ihre Wissenschaft Mittel, nicht Zweck. Darum werden sie nie etwas Großes darin leisten, weil hierzu erfordert ist, dass sie dem, der sie treibt, Zweck sei und alles andere, ja sein Dasein selbst, nur Mittel. Denn alles, was man nicht seiner selbst wegen treibt, treibt man nur halb, und die wahre Vortrefflichkeit kann, bei Werken jeder Art, nur das erlangen, was seiner selbst wegen hervorgebracht wurde und nicht als Mittel zu ferneren Zwecken. Ebenso wird zu neuen und großen Grundeinsichten nur der es bringen, der zum unmittelbaren Zweck seiner Studien Erlangung eigener Kenntnis hat, unbekümmert um fremde. Die Gelehrten aber, wie sie in der Regel sind, studieren zu dem Zweck, lehren und schreiben zu können. Daher gleicht ihr Kopf einem Magen und Gedärmen, daraus die Speisen unverdaut wieder abgehen. Eben deshalb wird auch ihr Lehren und Schreiben wenig nützen. Denn andere nähren kann man nicht mit unverdauten Abgängen, sondern nur mit der Milch, die aus dem eigenen Blute sich abgesondert hat.

§ 248 Die *Perücke* ist doch das wohlgewählte Symbol des reinen Gelehrten als solchen. Sie ziert den Kopf mit einem reichlichen Maße fremden Haares, bei Ermangelung des eigenen, wie die Gelehrsamkeit in seiner Ausstattung mit einer großen Menge fremder Gedanken besteht, welche denn freilich ihn nicht so wohl und natürlich kleiden noch so brauchbar in allen Fällen und allen Zwecken angepasst sind, noch so fest wurzeln, noch, wenn verbraucht, sogleich durch andere aus derselben Quelle ersetzt werden wie die dem selbsteigenen Grund und Boden entsprossenen […]

Wirklich verhält auch die vollendetste Gelehrsamkeit sich zum Genie wie ein Herbarium zur stets sich neu erzeugenden, ewig frischen, ewig jungen, ewig wechselnden Pflanzenwelt, und keinen größeren Kontrast gibt es als den zwischen der Gelehrsamkeit des Kommentators und der kindlichen Naivität des Alten.

§ 249 Dilettanten, Dilettanten! – So werden die, welche eine Wissenschaft oder Kunst aus Liebe zu ihr und Freude an ihr, *per il loro diletto*, treiben, mit Geringschätzung genannt von denen, die sich des Gewinnes halber darauf gelegt haben, weil sie nur das Geld delektiert, das damit zu verdienen ist. Diese Geringschätzung beruht auf ihrer niederträchtigen Überzeugung, dass keiner eine Sache ernstlich angreifen werde, wenn ihn nicht Not, Hunger oder sonst welche Gier dazu anspornt. Das Publikum ist desselben Geistes und daher derselben Meinung: Hieraus entspringt sein durchgängiger Respekt vor den „Leuten vom Fach" und sein Misstrauen gegen Dilettanten. In Wahrheit hingegen ist dem Dilettanten die Sache Zweck, dem Manne vom Fach als solchem bloß Mittel. Nur der aber wird eine Sache mit ganzem Ernst treiben, dem unmittelbar an ihr gelegen ist und der sich aus Liebe zu ihr damit beschäftigt, sie *con amore* treibt. Von solchen, und nicht von den Lohndienern, ist stets das Größte ausgegangen.

§ 251 Der deutsche Gelehrte ist aber auch zu arm, um redlich und ehrenhaft sein zu können. Daher ist drehen, winden, sich akkommodieren und seine Überzeugung verleugnen, lehren und schreiben, was er nicht glaubt, kriechen, schmeicheln, Partei machen und Kameradschaft schließen, Minister, Große, Kollegen, Studenten, Buchhändler, Rezensenten, kurz: alles eher als die Wahrheit und fremdes Verdienst berücksichtigen sein Gang und seine Methode. Er wird dadurch meistens ein rücksichtsvoller Lump. Infolge davon hat denn auch in der deutschen Literatur überhaupt und der Philosophie insbesondere die Unredlichkeit so sehr die Oberhand gewonnen, dass zu hoffen steht, es werde damit den Punkt erreichen, wo sie, als unfähig, noch irgendjemanden zu täuschen, unwirksam wird.

§ 252 Übrigens ist es in der Gelehrtenrepublik wie in anderen Republiken: Man liebt einen schlichten Mann, der still vor sich hingeht und nicht klüger sein will als die anderen. Gegen die exzentrischen Köpfe, als welche Gefahr drohen, vereinigt man sich und hat, o wehe!, Majorität auf seiner Seite.

In der Gelehrten-Republik geht es, im Ganzen genommen, so her wie in der Republik Mexiko, in welcher jeder bloß auf *seinen* Vorteil bedacht ist, Ansehen und Macht *für sich* suchend, ganz unbekümmert um das Ganze, welches darüber zugrunde geht. Ebenso sucht in der Gelehrten-Republik jeder nur *sich* geltend zu machen, um Ansehen zu gewinnen. Das Einzige, worin sie alle übereinstimmen, ist, einen wirklich eminenten Kopf, wenn er sich zeigen sollte, nicht aufkommen zu lassen, da er allen zugleich gefährlich wird. Wie das Ganze der Wissenschaften dabei fährt, ist leicht abzusehen.

§ 253 Zwischen Professoren und unabhängigen Gelehrten besteht von alters her ein gewisser Antagonismus, der vielleicht in etwa durch den zwischen Hunden und Wölfen erläutert werden könnte.

Professoren haben, durch ihre Lage, große Vorteile, um zur Kunde ihrer Zeitgenossen zu gelangen. Dagegen haben unabhängige Gelehrte durch ihre Lage große Vorteile, um zur Kunde der Nachwelt zu gelangen, weil es dazu unter anderen viel selteneren Dingen auch einer gewissen Muße und Unabhängigkeit bedarf.

Da es lange dauert, ehe die Menschheit herausfindet, wem sie ihre Aufmerksamkeit zu schenken hat, so können beide nebeneinander wirken.

Im Ganzen genommen, ist die Stallfütterung der Professuren am geeignetsten für die Wiederkäuer. Hingegen die, welche aus den Händen der Natur die eigene Beute empfangen, befinden sich besser im Freien.

§ 254 Von dem menschlichen Wissen überhaupt, in jeder Art, existiert der allergrößte Teil stets nur auf dem Papier, in den Büchern, diesem papiernen Gedächtnis der Menschheit. Nur ein kleiner Teil desselben ist in jedem gegebenem Zeitpunkt in irgendwelchen Köpfen wirklich lebendig. Dies entspringt besonders aus der Kürze und Ungewissheit des Lebens, zudem aus der Trägheit und Genusssucht der Menschen. Das jedesmalige schnell vorübereilende Geschlecht erreicht vom menschlichen Wissen, was es gerade braucht. Es stirbt bald aus. Die meisten Gelehrten sind sehr oberflächlich. Nun folgt ein neues, hoffnungsvolles Geschlecht, welches von nichts weiß, sondern alles von Anfang an zu lernen hat. Davon nimmt es wieder, so viel es auffassen oder auf seiner kurzen Reise gebrauchen kann, und geht ebenfalls ab. Wie schlecht würde es also um das menschliche Wissen stehen, wenn Schrift und Druck nicht wären! Daher sind die Bibliotheken allein das sichere und bleibende Gedächtnis des menschlichen Geschlechts, dessen einzelne Mitglieder alle nur ein sehr beschränktes und unvollkommenes haben. Daher lassen die meisten Gelehrten so ungern ihre Kenntnisse examinieren wie die Kaufleute ihre Handlungsbücher.

Das menschliche Wissen ist nach allen Seiten unabsehbar, und von dem, was überhaupt wissenswert wäre, kann kein Einzelner auch nur den tausendsten Teil wissen.

Demgemäß haben die Wissenschaften eine solche Breite der Ausdehnung erlangt, dass wer etwas „darin leisten" will, nur ein ganz spezielles Fach betreiben darf, unbekümmert um alles andere. Alsdann wird er zwar in seinem Fache über dem Vulgus[46]

---

[46]   Über dem gemeinen Volk.

stehen, in allen übrigen jedoch zu demselben gehören. Kommt nun noch, wie heutzutage immer häufiger wird, die Vernachlässigung der alten Sprachen, welche halb zu lernen nichts hilft, hinzu, wodurch die allgemeine Humanitätsbildung wegfällt, so werden wir Gelehrte sehen, die außerhalb ihres speziellen Faches wahre Ochsen sind. – Überhaupt ist so ein exklusiver Fachgelehrter dem Fabrikarbeiter analog, der sein Leben lang nichts anderes macht, als eine bestimmte Schraube oder Haken oder Handhabe zu einem bestimmten Werkzeuge oder Maschine, worin er dann freilich eine unglaubliche Virtuosität erlangt. Auch kann man den Fachgelehrten mit einem Manne vergleichen, der in seinem eigenen Hause wohnt, jedoch nie herauskommt. In dem Hause kennt er alles genau, jedes Treppchen, jeden Winkel und jeden Balken, etwa wie Victor Hugos Quasimodo die Notre-Dame-Kirche kennt. Aber außerhalb desselben ist ihm alles fremd und unbekannt. – Wahre Bildung zur Humanität hingegen erfordert durchaus Vielseitigkeit und Überblick, also für einen Gelehrten im höheren Sinne allerdings etwas Polyhistoria. Wer aber vollends ein Philosoph sein will, muss in seinem Kopfe die entferntesten Enden des menschlichen Wissens zusammenbringen. Denn wo anders könnten sie jemals zusammenkommen? – Geister ersten Ranges nun gar werden niemals Fachgelehrte sein. Ihnen als solchen ist das Ganze des Daseins zum Problem gegeben, und über dasselbe wird jeder von ihnen, in irgendeiner Form und Weise, der Menschheit neue Aufschlüsse erteilen. Denn den Namen eines Genies kann nur der verdienen, welcher das Ganze und Große, das Wesentliche und Allgemeine der Dinge zum Thema seiner Leistungen nimmt, nicht aber, wer irgendein spezielles Verhältnis von Dingen zueinander zurechtzulegen sein Leben lang bemüht ist.

Selbstdenken

§ 257 Wie die zahlreiche Bibliothek, wenn ungeordnet, nicht so viel Nutzen schafft als eine sehr mäßige, aber wohlgeordnete, ebenso ist die größte Menge von Kenntnissen, wenn nicht eigenes Denken sie durchgearbeitet hat, viel weniger wert als eine weit geringere, die aber vielfältig durchdacht worden. Denn erst durch das allseitige Kombinieren dessen, was man weiß, durch das Vergleichen jeder Wahrheit mit jeder anderen, eignet man sein eigenes Wissen sich vollständig an und bekommt es in seine Gewalt. Durchdenken kann man nur, was man weiß; daher man etwas lernen soll. Aber man weiß auch nur, was man durchdacht hat.

Nun aber kann man sich zwar willkürlich applizieren auf Lesen und Lernen, auf das Denken hingegen eigentlich nicht. Dieses nämlich muss, wie das Feuer durch einen Luftzug, angefacht und unterhalten werden durch irgendein Interesse am Gegenstande desselben, welches entweder ein rein objektives, oder aber bloß ein subjektives sein mag. Das Letztere ist allein bei unseren persönlichen Angelegenheiten vorhanden, das Erstere aber nur für die von Natur denkenden Köpfe, denen das Denken so natürlich ist wie das Atmen, welche aber sehr selten sind. Daher ist es mit den meisten Gelehrten so wenig.

§ 258 [...]

Die Gelehrten sind die, welche in den Büchern gelesen haben; die Denker, die Genies, die Welterleuchter und Förderer des Menschengeschlechts sind aber die, welche unmittelbar im Buche der Welt gelesen haben.

§ 259 Im Grunde haben nur die eigenen Grundgedanken Wahrheit und Leben. Denn nur sie versteht man recht eigentlich und ganz. Fremde, gelesene Gedanken sind die Überbleibsel eines fremden Mahles, die abgelegten Kleider eines fremden Gastes.

Zum eigenen in uns aufsteigenden Gedanken verhält der fremde, gelesene, sich wie der Abdruck einer Pflanze der Vorwelt im Stein zur blühenden Pflanze des Frühlings.

§ 260 Lesen ist ein bloßes Surrogat des eigenen Denkens. Man lässt dabei seine Gedanken von einem anderen am Gängelbande führen. Zudem taugen viele Bücher bloß, zu zeigen, wie viel Irrwege es gibt und wie arg man sich verlaufen könnte, wenn man von ihnen sich leiten ließe. Den aber der Genius leitet, das heißt der selbst denkt, freiwillig denkt, richtig denkt, der hat die Boussole, den rechten Weg zu finden. – Lesen soll man also nur dann, wenn die Quelle der eigenen Gedanken stockt, was auch beim besten Kopfe oft genug der Fall sein wird. Hingegen die eigenen, urkräftigen Gedanken verscheuchen, um ein Buch zur Hand zu nehmen, ist Sünde wider den Heiligen Geist. Man gleicht alsdann dem, der aus der freien Natur flieht, um ein Herbarium zu besehen oder um schöne Gegenden im Kupferstiche zu betrachten. [...]

§ 261 *Lesen* heißt mit einem fremden Kopfe statt des eigenen denken. Nun ist aber dem eigenen Denken, aus welchem allemal ein zusammenhängendes Ganzes, ein, wenn auch nicht streng abgeschlossenes, System sich zu entwickeln trachtet, nichts nachteiliger als ein vermöge beständigen Lesens zu starker Zufluss fremder Gedanken, weil diese, jeder einem anderen Geiste entsprossen, einem anderen Systeme angehörend, eine andere Farbe tragend, nie von selbst zu einem Ganzen des Denkens, des Willens, der Einsicht und Überzeugung zusammenfließen, vielmehr eine leise babylonische Sprachverwirrung im Kopfe anrichten und dem Geiste, der sich mit ihnen überfüllt hat, nunmehr alle klare Einsicht benehmen und so ihn beinahe desorganisieren. Dieser Zustand ist an vielen Gelehrten wahrzunehmen und macht, dass sie an gesundem Verstande, richtigem Urteil und praktischem Takte vielen Ungelehrten nachstehen, welche die von außen, durch Erfahrung, Gespräch und wenige Lektüre ihnen zugekommene geringe Kenntnis stets dem eigenen Denken untergeordnet und einverleibt haben. Eben dieses nun tut nach einem größeren Maßstabe auch der wissenschaftliche *Denker.* Obgleich er nämlich viele Kenntnisse nötig hat und daher viel lesen muss, so ist doch sein Geist stark genug, dies alles zu bewältigen, es zu assimilieren, dem Systeme seiner Gedanken einzuverleiben und es so dem organisch zusammenhängenden Ganzen seiner immer wachsenden, großartigen Einsicht unterzuordnen, wobei sein eigenes Denken, wie der Grundbass der Orgel, stets alles beherrscht und nie von fremden Tönen übertäubt wird, wie dies hingegen der Fall ist in den bloß polyhistorischen Köpfen, in welchen gleichsam Musikfetzen aus allen Tonarten durcheinanderlaufen und der Grundton gar nicht mehr zu finden ist.

§ 262 Die Leute, welche ihr Leben mit Lesen zugebracht und ihre Weisheit aus Büchern geschöpft haben, gleichen denen, welche aus vielen Reisebeschreibungen sich genaue Kunde von einem Lande erworben haben. Diese können über vieles Auskunft erteilen. Aber im Grunde haben sie doch keine zusammenhängende, deutliche, gründliche Kenntnis von der Beschaffenheit des Landes. Hingegen die, welche ihr Leben im Denken zugebracht haben, gleichen solchen, die selbst in jenem Lande gewesen sind. Sie allein wissen eigentlich, wovon die Rede ist, kennen die Dinge dort im Zusammenhang und sind wahrhaft darin zu Hause.

§ 264 So wenig wie das Lesen kann die bloße Erfahrung das Denken ersetzen. Die reine Empirie verhält sich zum Denken wie Essen zum Verdauen und Assimilieren. Wenn jene sich brüstet, dass sie allein, durch ihre Entdeckungen, das menschliche Wissen gefördert habe, so ist es, wie wenn der Mund sich rühmen wollte, dass der Bestand des Leibes sein Werk allein sei.

§ 267 Im Reiche der Wirklichkeit, so schön, glücklich und anmutig sie auch ausgefallen sein mag, bewegen wir uns doch stets nur unter dem Einfluss der Schwere, welcher unaufhörlich zu überwinden ist. Hingegen sind wir im Reiche der Gedanken unkörperliche Geister, ohne Schwere und ohne Not. Daher kommt kein Glück auf Erden dem gleich, welches ein schöner und fruchtbarer Geist zur glücklichen Stunde in sich selbst findet.

§ 268 Die Gegenwart eines Gedankens ist wie die Gegenwart einer Geliebten. Wir meinen, diesen Gedanken werden wir nie vergessen und diese Geliebte könne uns nie gleichgültig werden. Allein aus den Augen, aus dem Sinn! Der schönste Gedanke läuft Gefahr, unwiederbringlich vergessen zu werden, wenn er nicht aufgeschrieben, und die Geliebte, von uns geflohen zu werden, wenn sie nicht angetraut worden.

§ 269 Es gibt Gedanken die Menge, welche Wert haben für den, der sie denkt, aber nur wenige unter ihnen, welche die Kraft besitzen, noch durch Reperkussion oder Reflexion zu wirken, das heißt nachdem sie niedergeschrieben worden, dem Leser Anteil abzugewinnen.

§ 271 Wenn man wohl erwägt, wie groß und wie naheliegend das *Problem des Daseins* ist, dieses zweideutigen, gequälten, flüchtigen, traumartigen Daseins – so groß und so naheliegend, dass, sobald man es gewahr wird, es alle anderen Probleme überschattet und verdeckt; und wenn man nun dabei vor Augen hat, wie alle Menschen – einige wenige und seltene ausgenommen – dieses Problems sich nicht deutlich bewusst, ja, seiner gar nicht inne zu werden scheinen, sondern um alles andere eher als darum sich bekümmern und dahinleben nur auf den heutigen Tag und die fast nicht längere Spanne ihrer persönlichen Zukunft bedacht, indem sie jenes Problem entweder ausdrücklich ablehnen oder hinsichtlich desselben sich bereitwillig abfinden lassen mit irgendeinem Systeme der Volksmetaphysik und damit ausreichen; wenn man, sage ich, das wohl erwägt, so kann man der Meinung werden, dass der Mensch doch nur sehr im weiteren Sinne ein *denkendes Wesen* heiße, und wird fortan über keinen Zug von Gedankenlosigkeit oder Einfalt sich sonderlich wundern, vielmehr wissen, dass der intellektuelle Gesichtskreis des Normalmenschen zwar über den des Tieres – dessen ganzes Dasein, der Zukunft und Vergangenheit sich nicht bewusst, gleichsam eine einzige Gegenwart ist – hinausgeht, aber doch nicht so unberechenbar weit, wie man wohl anzunehmen pflegt.

Diesem entspricht es sogar, dass man auch im Gespräch die Gedanken der meisten Menschen so kurz abgeschnitten findet wie Häckerling, daher kein längerer Faden sich herausspinnen lässt.

Auch könnte unmöglich, wenn diese Welt von eigentlich denkenden Wesen bevölkert wäre, der Lärm jeder Art so unbeschränkt erlaubt und freigegeben sein, wie sogar der entsetzlichste und dabei zwecklose es ist. – Wenn nun aber gar schon die Natur den Menschen zum Denken bestimmt hätte, so würde sie ihm keine Ohren gegeben, oder diese wenigstens, wie bei den Fledermäusen, die ich darum beneide, mit luftdichten Schließklappen versehen haben. In Wahrheit aber ist er, gleich den anderen, ein armes Tier, dessen Kräfte bloß auf die Erhaltung seines Daseins berechnet sind, weshalb es der stets offenen Ohren bedarf, welche auch unbefragt und bei Nacht und bei Tage die Annäherung des Verfolgers ankündigen.

ÜBER SCHRIFTSTELLEREI UND STIL

§ 272 Zuvörderst gibt es zweierlei Schriftsteller: solche, die der Sache wegen, und solche, die des Schreibens wegen schreiben. Jene haben Gedanken gehabt oder Erfahrungen gemacht, die ihnen mitteilenswert scheinen; diese brauchen Geld, und deshalb schreiben sie für Geld. Sie denken zum Behuf des Schreibens. Man erkennt sie daran, dass sie ihre Gedanken möglichst lang ausspinnen und auch halbwahre, schiefe, forcierte und schwankende Gedanken ausführen, auch meistens das Helldunkel lieben, um zu scheinen, was sie nicht sind, weshalb ihrem Schreiben Bestimmtheit und volle Deutlichkeit abgeht. Man kann daher bald merken, dass sie um Papier zu füllen schreiben. Bei unseren besten Schriftstellern kann man es mitunter, zum Beispiel stellenweise in Lessings Dramaturgie und sogar in manchen Romanen Jean Pauls. Sobald man es merkt, soll man das Buch wegwerfen, denn die Zeit ist edel. Im Grunde aber betrügt der Autor den Leser, sobald er schreibt, um Papier zu füllen. Denn sein Vorgeben ist, zu schreiben, weil er etwas mitzuteilen hat. – Honorar und Verbot des Nachdrucks sind im Grunde der Verderb der Literatur. Schreibenswertes schreibt nur, wer ganz allein der Sache wegen schreibt. Welch ein unschätzbarer Gewinn würde es sein, wenn in allen Fächern einer Literatur nur wenige, aber vortreffliche Bücher existierten. Dahin aber kann es nie kommen, solange Honorar zu verdienen ist. Denn es ist, als ob ein Fluch auf dem Gelde läge: Jeder Schriftsteller wird schlecht, sobald er irgend des Gewinnes wegen schreibt. Die vortrefflichsten Werke der großen Männer sind alle aus der Zeit, als sie noch umsonst oder für ein sehr geringes Honorar schreiben mussten. Also auch hier bewährt sich das spanische Sprichwort: *honra y provecho no caben en un saco.* (Ehre und Geld gehen nicht in denselben Sack). – Der ganze Jammer der heutigen Literatur in und außer Deutschland hat zur Wurzel das Geldverdienen durch Bücherschreiben. Jeder, der Geld braucht, setzt sich hin und schreibt ein Buch, und das Publikum ist so dumm, es zu kaufen. Die sekundäre Folge davon ist der Verderb der Sprache.

Eine große Menge schlechter Schriftsteller lebt allein von der Narrheit des Publikums, nichts lesen zu wollen, als was heute gedruckt ist – die Journalisten. Treffend benannt! Verdeutscht würde es heißen: „Tagelöhner".

§ 273 Wiederum kann man sagen, es gebe dreierlei Autoren: erstlich solche, welche schreiben, ohne zu denken. Sie schreiben aus dem Gedächtnis, aus Reminiszenzen oder gar unmittelbar aus fremden Büchern. Diese Klasse ist die zahlreichste. – Zweitens solche, die während des Schreibens denken. Sie denken, um zu schreiben. Sind sehr häufig. – Drittens solche, die gedacht haben, ehe sie ans Schreiben gingen. Sie schreiben bloß, weil sie gedacht haben. Sind selten. [...]

Sogar nun aber unter der kleinen Anzahl von Schriftstellern, die wirklich, ernstlich und zum Voraus denken, sind wieder nur äußerst wenige, welche über *die Dinge selbst* denken. Die Übrigen denken bloß über *Bücher*, über das von anderen Gesagte. Sie bedürfen nämlich, um zu denken, der näheren und stärkeren Anregung durch fremde, gegebene Gedanken. Diese werden nun ihr nächstes Thema; daher sie stets unter dem Einflusse derselben bleiben, folglich nie eigentliche Originalität erlangen. Jene Erstere hingegen werden durch *die Dinge selbst* zum Denken angeregt; daher ihr Denken unmittelbar auf diese gerichtet ist. Unter ihnen allein sind die zu finden, welche bleiben und unsterblich werden. – Es versteht sich, dass hier von hohen Fächern die Rede ist, nicht von Schriftstellern über das Branntweinbrennen.

Nur wer bei dem, was er schreibt, den Stoff unmittelbar aus seinem eigenen Kopfe nimmt, ist es wert, dass man ihn lese. [...]

§ 275 Das eigentliche Leben eines Gedankens dauert nur, bis er an den Grenzpunkt der Worte angelangt ist: Da petrifiziert er, ist fortan tot, aber unverwüstlich, gleich den versteinerten Tieren und Pflanzen der Vorwelt. Auch dem des Kristalls im Augenblick des Anschießens kann man sein momentanes eigentliches Leben vergleichen.

Sobald nämlich unser Denken Worte gefunden hat, ist es schon nicht mehr innig noch im tiefsten Grunde ernst. Wo es anfängt, für andere da zu sein, hört es auf, in uns zu leben – wie das Kind sich von der Mutter ablöst, wenn es ins eigene Dasein tritt. [...]

§ 282 Der *Stil* ist die Physiognomie des Geistes. Sie ist untrüglicher als die des Leibes. Fremden Stil nachahmen heißt eine Maske tragen. Wäre diese auch noch so schön, so wird sie durch das Leblose insipid[47] und unerträglich, sodass selbst das hässlichste lebendige Gesicht besser ist. [...]

Affektion im Stil ist dem Gesichterschneiden zu vergleichen. – Die Sprache, in welcher man schreibt, ist die Nationalphysiognomie: Sie stellt große Unterschiede fest – von der Griechischen bis zur Karaibischen.

Stilfehler soll man in fremden Schriften entdecken, um sie in den eigenen zu vermeiden.

§ 283 Um über den Wert der Geistesprodukte eines Schriftstellers eine vorläufige Schätzung anzustellen, ist es nicht gerade notwendig, zu wissen, *worüber* oder *was* er gedacht habe – dazu wäre erfordert, dass man alle seine Werke durchläse –, sondern zunächst ist es hinreichend zu wissen, *wie* er gedacht

---

[47] Schal, fade.

habe. Von diesem Wie des Denkens nun, von dieser wesentlichen Beschaffenheit und durchgängigen *Qualität* derselben ist ein genauer Abdruck sein Stil. Dieser zeigt nämlich die *formelle* Beschaffenheit aller Gedanken eines Menschen, welche sich stets gleich bleiben muss, *was* und *worüber* er auch denken mag. Man hat daran gleichsam den Teig, aus dem er alle seine Gestalten knetet, so verschieden sie auch sein mögen. Wie daher Eulenspiegel dem Fragenden, wie lange er bis zum nächsten Orte noch zu gehen habe, die scheinbar ungereimte Antwort gab: „Gehe!", in der Absicht, erst aus seinem Gang zu ermessen, wie weit er, in einer gegebenen Zeit, kommen würde, so lese ich aus einem Autor ein paar Seiten und weiß dann schon ungefähr, wie weit er mich fördern kann. […]

§ 284 Ein heutzutage beim gesunkenen Zustande der Literatur und bei der Vernachlässigung der alten Sprachen immer häufiger werdender, jedoch nur in Deutschland einheimischer Fehler des Stils ist die *Subjektivität* desselben. Sie besteht darin, dass es dem Schreiber genügt, selbst zu wissen, was er meint und will; der Leser mag sehen, wie auch er dahinter komme. Unbekümmert um diesen, schreibt er eben, als ob er einen Monolog hielte, während es denn doch ein Dialog sein sollte, und zwar einer, in welchem man sich umso deutlicher auszudrücken hat, als man die Fragen des anderen nicht vernimmt. Eben deshalb nun also soll der Stil *nicht* subjektiv, sondern objektiv sein, wozu es nötig ist, die Worte so zu stellen, dass sie den Leser geradezu zwingen, genau dasselbe zu denken, was der Autor gedacht hat. Dies wird aber nur dann zustande kommen, wenn der Autor stets eingedenk war, dass die Gedanken insofern das Gesetz der Schwere befolgen, als sie den Weg vom Kopfe auf das Papier viel leichter als den vom Papier zum Kopfe zurücklegen, daher ihnen hierbei mit allen uns zu Gebote stehenden Mitteln geholfen werden muss. Ist dies geschehen, so wirken die Worte rein objektiv, gleichwie ein vollendetes Ölgemälde, während der subjektive Stil nicht viel sicherer wirkt als die Flecken an der Wand, bei denen der allein, dessen Fantasie zufällig durch sie erregt worden, Figuren sieht, die anderen nur Kleckse. Der in Rede stehende Unterschied erstreckt sich über die ganze Darstellungsweise, ist aber oft auch im Einzelnen nachweisbar. Soeben zum Beispiel lese ich in einem neuen Buche: „Um die Masse der vorhandenen Bücher zu vermehren, habe ich nicht geschrieben." Dies sagt das Gegenteil von dem, was der Schreiber beabsichtigte, und obendrein Unsinn.

§ 285 Wer nachlässig schreibt, legt dadurch zunächst das Bekenntnis ab, dass er selbst seinen Gedanken keinen großen Wert beilegt. Denn nur aus der Überzeugung von der Wahrheit und Wichtigkeit unserer Gedanken entspringt die Begeisterung, welche erfordert ist, um mit unermüdlicher Ausdauer überall auf den deutlichsten, schönsten und kräftigsten Ausdruck derselben bedacht zu sein – wie man nur an Heiligtümer oder unschätzbare Kunstwerke silberne oder goldene Behältnisse wendet. [...]

§ 287 Der leitende Grundsatz der Stilistik solle sein, dass der Mensch nur einen Gedanken zur Zeit deutlich denken kann, daher ihm nicht zugemutet werden darf, dass er deren zwei oder gar mehrere auf einmal denke. – Dies aber mutet ihm der zu, welcher solche als Zwischensätze in die Lücken einer zu diesem Zwecke zerstückelten Hauptperiode schiebt, wodurch er ihn also unnötiger- und mutwilligerweise in Verwirrung setzt. Hauptsächlich tun dies die *deutschen* Schriftsteller. Dass ihre Sprache sich dazu besser als die anderen lebenden Sprachen eignet, begründet zwar die Möglichkeit, aber nicht die Löblichkeit der Sache. Keine Prosa liest sich so leicht und angenehm wie die französische, weil sie von diesem Fehler in der Regel frei ist. Der Franzose reiht seine Gedanken in möglichst logischer und überhaupt natürlicher Ordnung aneinander und legt sie so seinem Leser sukzessive zu bequemer Erwägung vor, damit dieser einem jeden derselben seine ungeteilte Aufmerksamkeit zuwenden könne. Der Deutsche hingegen flicht sie ineinander, zu einer verschränkten und abermals verschränkten und nochmals verschränkten Periode, weil er sechs Sachen auf einmal sagen will, statt sie eine nach der anderen vorzubringen. Sagt, was ihr zu sagen habt, eins nach dem anderen, nicht aber sechs Sachen auf einmal und durcheinander. Also während er suchen sollte, die Aufmerksamkeit seines Lesers anzulocken und festzuhalten, verlangt er vielmehr von demselben noch obendrein, dass er, obigem Gesetze der Einheit der Apprehension entgegen, drei oder vier verschiedene Gedanken zugleich, oder, weil dies nicht möglich ist, in schnell vibrierender Abwechslung denke. Hierdurch legt er den Grund zu seinem *stile empesé*[48], den er sodann durch preziöse, hochtrabende Ausdrücke, um die einfachsten Sachen mitzuteilen, und sonstige Kunstmittel dieser Art vollendet.

Der wahre Nationalcharakter der Deutschen ist *Schwerfälligkeit*. Sie leuchtet hervor aus ihrem Gange, ihrem Tun und Treiben, ihrer Sprache, ihrem Reden, Erzählen, Verstehen und Denken, ganz besonders aber aus ihrem *Stil* im Schreiben, aus dem Vergnügen, welches sie an langen, schwerfälligen, verstrickten Perioden haben, bei welchen das Gedächtnis ganz allein, fünf Minuten lang, geduldig die ihm auferlegte Lektion lernt, bis zuletzt, am Schluss der Periode, der Verstand zum Schuss kommt und die Rätsel gelöst werden. Darin gefallen sie sich, und wenn nun noch Preziosität und Bombast und affektierte *semnotes*[49] anzubringen sind, so schwelgt der Autor darin – aber der Himmel gebe dem Leser Geduld. – Vorzüglich aber befleißigen sie sich dabei durchgängig der möglichsten Unentschiedenheit und Unbestimmtheit des Ausdrucks, wodurch alles wie im Nebel erscheint. Der Zweck scheint zu sein, teils das Offenlassen einer Hintertür zu jedem Satz, teils Vornehm-

---

[48] Schwerfälliger, beladener Stil.
[49] Feierlich-majestätische Ausdrücke (gr.).

tuerei, die mehr zu sagen scheinen will, als gedacht worden, teils liegt wirklich Stumpfheit und Schlafmützigkeit dieser Eigentümlichkeit zugrunde, welche gerade es ist, was den Ausländern alle deutsche Schreiberei verhasst macht, weil sie eben nicht im Dunkeln tappen mögen, welches hingegen unseren Landsleuten kongenial zu sein scheint.

Durch jene langen, mit ineinander geschachtelten Zwischensätzen bereicherten und wie gebratene Gänse mit Äpfeln ausgestopfte Perioden, an die man sich nicht machen darf, ohne vorher nach der Uhr zu sehen, wird eigentlich zunächst das *Gedächtnis* in Anspruch genommen, während vielmehr Verstand und Urteilskraft aufgerufen werden sollten, deren Tätigkeit nun aber gerade dadurch erschwert und geschwächt wird. Denn dergleichen Perioden liefern dem Leser lauter halb vollendete Phrasen, die sein Gedächtnis nun sorgfältig sammeln und aufbewahren soll, wie die Stückchen eines zerrissenen Briefes, bis sie durch die später nachkommenden, respektiven anderen Hälften ergänzt werden und dann einen Sinn erhalten. Folglich muss er bis dahin eine Weile lesen, ohne irgendetwas zu denken, vielmehr bloß alles memorieren, in der Hoffnung auf den Schluss, der ihm ein Licht aufstecken wird, bei dem er nun auch etwas zu denken empfangen soll. Er kriegt so vieles auswendig zu lernen, ehe er etwas zum Verstehen erhält. Das ist offenbar schlecht und ein Missbrauch der Geduld des Lesers. Aber die unverkennbare Vorliebe der gewöhnlichen Köpfe für diese Schreibart beruht darauf, dass sie den Leser erst nach einiger Zeit und Mühe das verstehen lässt, was er außerdem sogleich verstanden haben würde, wodurch nun der Schein entsteht, als hätte der Schreiber mehr Tiefe und Verstand als der Leser. Auch dieses also gehört zu den oben erwähnten Kunstgriffen, mittels welcher die Mediokren[50] unbewusst und instinktartig ihre Geistesarmut zu verstecken und

---

[50] Die Mittelmäßigen.

den Schein des Gegenteils hervorzubringen sich bemühen. Ihre Erfindsamkeit hierin ist sogar erstaunenswert.

Offenbar aber ist es gegen alle gesunde Vernunft, einen Gedanken quer durch einen anderen zu schlagen wie ein hölzernes Kreuz. Dies geschieht jedoch, indem man das, was man zu sagen angefangen hat, unterbricht, um etwas ganz anderes dazwischen zu sagen, und so seinem Leser eine angefangene Periode, einstweilen noch ohne Sinn, in Verwahrung gibt, bis die Ergänzung nachkommt. Es ist ungefähr, wie wenn man seinen Gästen einen leeren Teller in die Hand gäbe, mit der Hoffnung, es werde noch etwas darauf kommen. Eigentlich sind die Zwischenkommata von derselben Familie mit den Noten unter der Seite und den Parenthesen mitten im Text; Ja, alle drei sind im Grunde bloß dem Grade nach verschieden. Wenn bisweilen Demosthenes und Cicero dergleichen Einschachtelungsperioden gemacht haben, so hätten sie besser getan, es zu unterlassen.

Den höchsten Grad von Abgeschmacktheit erreicht dieser Phrasenbau, wenn die Zwischensätze nicht einmal organisch eingefügt, sondern durch direktes Zerbrechen einer Periode eingekeilt sind. Wenn es zum Beispiel eine Impertinenz ist, andere zu unterbrechen, so ist es nicht minder eine solche, sich selbst zu unterbrechen, wie es in einem Phrasenbau geschieht, den seit einigen Jahren alle schlechten, nachlässigen, eiligen, das liebe Brot vor Augen habenden Skribler[51] auf jeder Seite sechsmal anwenden und sich darin gefallen. Er besteht darin, dass – man soll, wo man kann, Regel und Beispiel zugleich geben – man eine Phrase zerbricht, um eine andere dazwischenzuleimen. Sie tun es jedoch nicht bloß aus Faulheit, sondern auch aus Dummheit, indem sie es für eine liebenswürdige *légèreté*[52] halten, die den Vortrag belebe. – In einzelnen, seltenen Fällen mag es zu entschuldigen sein.

---

[51]   Schreiberlinge.
[52]   Leichtigkeit, Leichtfertigkeit.

§ 289 Gleichnisse sind von großem Werte, sofern sie ein unbekanntes Verhältnis auf ein bekanntes zurückführen. Auch die ausführlicheren Gleichnisse, welche zur Parabel oder Allegorie anwachsen, sind nur die Zurückführung irgendeines Verhältnisses auf eine einfachste, anschaulichste und handgreiflichste Darstellung. –

Sogar beruht alle Begriffsbildung im Grunde auf Gleichnissen, sofern sie aus dem Auffassen des Ähnlichen und Fallenlassen des Unähnlichen in den Dingen erwächst. Ferner besteht jedes eigentliche *Verstehen* zuletzt in einem Auffassen von Verhältnissen (*un saisir de rapports*). Man wird aber jedes Verhältnis umso deutlicher und reiner auffassen, als man es in weit voneinander verschiedenen Fällen und zwischen ganz heterogenen Dingen als dasselbe wiedererkennt. Solange nämlich ein Verhältnis mir nur als in einem einzelnen Falle vorhanden bekannt ist, habe ich von demselben bloß eine individuelle, also eigentlich nur noch anschauliche Erkenntnis. Sobald ich aber auch nur in zwei verschiedenen Fällen dasselbe Verhältnis auffasse, habe ich einen *Begriff* von der ganzen *Art* desselben, also eine tiefere und vollkommenere Erkenntnis.

Eben weil Gleichnisse ein so mächtiger Hebel für die Erkenntnis sind, zeugt das Aufstellen überraschender und dabei treffender Gleichnisse von einem tiefen Verstande. [...]

Über Lesen und Bücher

§ 293 Wie die Schichten der Erde die lebenden Wesen vergangener Epochen reihenweise aufbewahren, so bewahren die Bretter der Bibliotheken reihenweise die vergangenen Irrtümer und deren Darlegungen, welche, wie jene Ersteren, zu ihrer Zeit sehr lebendig waren und viel Lärm machten, jetzt aber starr und versteinert dastehen, wo nur noch der literarische Paläontologe sie betrachtet.

§ 294 Xerxes hat, nach Herodot, beim Anblick eines unübersehbaren Heeres geweint, indem er bedachte, dass von diesen allen nach hundert Jahren keiner am Leben sein würde. Wer möchte da nicht weinen beim Anblick eines dicken Messkatalogs, wenn er bedenkt, dass von allen diesen Büchern schon nach zehn Jahren keines mehr am Leben sein wird.

§ 295 a Bücher werden geschrieben, bald über jenen, bald über diesen großen Geist der Vorzeit, und das Publikum liest sie, nicht aber jenen selbst, weil es nur frisch Gedrucktes lesen will und weil *similis simili gaudet*[53] und ihm das seichte, fade Geträtsche eines heutigen Flachkopfs homogener und gemütlicher ist als die Gedanken des großen Geistes. Ich aber danke dem Schicksal, dass es mich schon in der Jugend auf ein schönes Epigramm von August Wilhelm Schlegel hingeführt hat, welches seitdem mein Leitstern wurde:

„Leset fleißig die Alten, die wahren und eigentlich Alten:
Was die Neuen davon sagen, bedeutet nicht viel."

---

[53] Dem Ähnlichen gereicht das Ähnliche zur Freude.

O, wie ist doch ein Alltagskopf dem anderen so ähnlich! Wie sind sie doch alle in einer Form gegossen! Wie fällt doch jedem von ihnen dasselbe bei der gleichen Gelegenheit ein und nichts anderes! Dazu nun noch ihre niedrigen persönlichen Absichten. Und das nichtswürdige Geträtsche solcher Wichte liest ein stupides Publikum, wenn es nur heute gedruckt ist, und lässt die großen Geister auf den Bücherbrettern ruhen.

Unglaublich ist doch die Torheit und Verkehrtheit des Publikums, welches die edelsten, seltensten Geister in jeder Art, aus allen Zeiten und Ländern, ungelesen lässt, um die täglich erscheinenden Schreibereien der Alltagsköpfe, wie sie jedes Jahr in zahlloser Menge, den Fliegen gleich, ausbrütet, zu lesen – bloß weil sie heute gedruckt und noch nass von der Presse sind. Vielmehr sollten diese Produktionen schon am Tage ihrer Geburt so verlassen und verachtet dastehen, wie sie es nach wenigen Jahren und dann auf immer sein werden, ein bloßer Stoff zum Lachen über vergangene Zeiten und deren Flausen.

Psychologische Bemerkungen

§ 304 Jedes animalische Wesen, zumal der Mensch, bedarf, um in der Welt bestehen und fortkommen zu können, einer gewissen Angemessenheit und Proportion zwischen seinem Willen und seinem Intellekt. Je genauer und richtiger nun die Natur diese getroffen hat, desto leichter, sicherer und angenehmer wird er durch die Welt kommen. Inzwischen reicht eine bloße Annäherung zu dem eigentlich richtigen Punkte schon hin, ihn vor Verderben zu schützen. Es gibt demnach eine gewisse Breite innerhalb der Grenzen der Richtigkeit und Angemessenheit des besagten Verhältnisses. Die dabei geltende Norm ist nun folgende: Da die Bestimmung des Intellekts ist, die Leuchte und der Lenker der Schritte des Willens zu sein, so muss, je heftiger, ungestümer und leidenschaftlicher der innere Drang eines Willens ist, desto vollkommener und heller der ihm beigegebene Intellekt sein, damit die Heftigkeit des Wollens und Strebens, die Glut der Leidenschaft, das Ungestüm der Affekte den Menschen nicht irreführe oder ihn fortreiße zum Unüberlegten, zum Falschen, zum Verderblichen, welches alles bei sehr heftigem Willen und sehr schwachem Intellekt unausbleiblich der Fall sein wird. Hingegen kann ein phlegmatischer Charakter, also ein schwacher, matter Wille, schon mit einem geringen Intellekt auskommen und bestehen; ein gemäßigter bedarf eines mäßigen. Überhaupt tendiert jedes Missverhältnis zwischen einem Willen und seinem Intellekt, das heißt jede Abweichung von der aus obiger Norm folgenden Proportion, dahin, den Menschen unglücklich zu machen; folglich auch, wenn das Missverhältnis das umgekehrte ist. Nämlich auch die abnorm starke und übermächtige Entwicklung des Intellekts und das daraus entstehende, ganz unverhältnismäßige Überwiegen desselben über den Willen, wie es das Wesentliche des eigentlichen Genies ausmacht, ist für die Bedürfnisse und Zwecke des Lebens nicht bloß überflüssig, sondern denselben geradezu hinderlich. Alsdann nämlich wird, in der Jugend, die übermäßige Energie der Auffassung der objektiven Welt, von lebhafter Fantasie begleitet und aller Erfahrung ermangelnd, den Kopf für überspannte Begriffe und sogar für Schimären empfänglich machen und leicht damit anfüllen, woraus dann ein exzentrischer und sogar fantastischer Charakter hervorgeht. Wenn nun auch späterhin, nachdem die Belehrung der Erfahrung eingetreten, sich dieses verloren und gegeben hat, so wird dennoch das Genie in der gemeinen Außenwelt und dem bürgerlichen Leben nie sich so zu Hause fühlen, so richtig eingreifen und so bequem sich bewegen wie der Normalkopf, vielmehr noch oft seltsame Missgriffe tun. Denn der Alltagskopf ist in dem engen Kreise seiner Begriffe und seiner Auffassung so vollkommen zu Hause, dass keiner ihm daran etwas anhaben kann, und sein Erkennen bleibt stets seinem ursprünglichen Zwecke getreu, den Dienst des Willens zu besorgen, liegt also diesem beständig ob, ohne zu extravagieren. Das Genie hingegen ist, wie ich auch bei der Erörterung desselben angegeben habe, im Grunde ein *monstrum per excessum*[54], wie, umgekehrt, der leidenschaftliche, heftige Mensch ohne Verstand, der hirnlose Wüterich, ein *monstrum per defectum*[55] ist.

§ 305 Der *Wille* zum Leben, wie er den innersten Kern alles Lebenden ausmacht, stellt sich am unverschleiertesten dar und lässt daher sich seinem Wesen nach am deutlichsten beobachten und betrachten an den obersten, also klügsten Tieren. Denn *unter* dieser Stufe tritt er noch nicht so deutlich hervor, hat einen minderen Grad der Objektivation; *darüber* aber, also

---

[54]   Ein Ungeheuer aufgrund von Übertreibung.
[55]   Ein Ungeheuer aufgrund von Mangel.

im Menschen, ist mit der Vernunft die Besonnenheit und mit dieser die Fähigkeit zur Verstellung eingetreten, die alsbald einen Schleier über ihn wirft. Hier tritt er daher nur noch in den Ausbrüchen der Affekte und Leidenschaften unverhüllt hervor. Eben deshalb aber findet allemal die Leidenschaft, wenn sie spricht, Glauben, gleichviel welche es sei, und mit Recht. Aus demselben Grunde sind die Leidenschaften das Hauptthema der Dichter und das Paradepferd der Schauspieler. – Auf dem zuerst Gesagten aber beruht unsere Freude an Hunden, Affen, Katzen usw.: Die vollkommene Naivität aller ihrer Äußerungen ist es, die uns so sehr ergötzt.

Welchen eigentümlichen Genuss gewährt doch der Anblick jedes freien Tieres, wenn es ungehindert für sich allein sein Wesen treibt, seiner Nahrung nachgeht oder seine Jungen pflegt, oder zu anderen Seinesgleichen sich gesellt usw. Dabei so ganz, was es sein soll und kann. Und sei es nur ein Vögelein, ich kann ihm lange mit Vergnügen zusehen – ja, einer Wasserratte, einem Frosch; doch lieber einem Igel, einem Wiesel, einem Reh oder Hirsch! – Dass uns der Anblick der Tiere so sehr ergötzt, beruht hauptsächlich darauf, dass es uns freut, unser eigenes Wesen so sehr *vereinfacht* vor uns zu sehen. –

Es gibt auf der Welt nur *ein* lügenhaftes Wesen: Es ist der *Mensch*. Jedes andere ist wahr und aufrichtig, indem es sich unverhohlen gibt als das, was es ist, und sich äußert, wie es sich fühlt. Ein emblematischer oder allegorischer Ausdruck dieses Fundamentalunterschiedes ist, dass alle Tiere in ihrer natürlichen Gestalt umhergehen, was viel beiträgt zu dem so erfreulichen Eindruck ihres Anblicks, bei dem mir, zumal wenn es freie Tiere sind, stets das Herz aufgeht – während der Mensch durch die Kleidung zu einem Fratz, einem Monstrum geworden ist, dessen Anblick schon dadurch widerwärtig ist, und nun gar unterstützt wird durch die ihm nicht natürliche weiße Farbe und durch alle die ekelhaften Folgen widernatürlicher Fleischnahrung, spirituoser Getränke, des Tabaks, der Ausschweifungen und Krankheiten. Er steht da als ein Schandfleck in der Natur! – Die Griechen beschränkten die Kleidung möglichst, weil sie es fühlten.

§ 307 Gar manches, was der *Macht der Gewohnheit* zugeschrieben wird, beruht vielmehr auf der Konstanz und Unveränderlichkeit des ursprünglichen und angeborenen Charakters, infolge welcher wir unter gleichen Umständen stets dasselbe tun, welches daher mit gleicher Notwendigkeit das erste wie das hundertste Mal geschah. – Die wirkliche *Macht der Gewohnheit* hingegen beruht eigentlich auf der Trägheit, welche dem Intellekt und dem Willen die Arbeit, Schwierigkeit, auch Gefahr einer frischen Wahl ersparen will und daher uns heute tun lässt, was wir schon gestern und hundertmal getan haben und wovon wir wissen, dass es zu seinem Zwecke führt.

Die Wahrheit dieser Sache liegt aber tiefer, denn sie ist in einem eigentlicheren Sinne zu verstehen, als es auf den ersten Blick scheint. Was nämlich für die Körper, sofern sie bloß durch menschliche Ursachen bewegt werden, die *Kraft der Trägheit* ist, eben das ist für die Körper, welche durch Motive bewegt werden, die *Macht der Gewohnheit*. Die Handlungen, welche wir aus bloßer Gewohnheit vollziehen, geschehen eigentlich ohne individuelles, einzelnes, eigens für diesen Fall wirkendes Motiv; daher wir dabei auch nicht eigentlich an sie denken. Bloß die ersten Exemplare jeder zur Gewohnheit gewordenen Handlung haben ein Motiv gehabt, dessen sekundäre Nachwirkung die jetzige Gewohnheit ist, welche hinreicht, damit jene auch ferner vor sich gehe, gerade so, wie ein durch Stoß bewegter Körper keines neuen Stoßes mehr bedarf, um seine Bewegung fortzusetzen, sondern, sobald sie nur durch nichts gehemmt wird, in alle Ewigkeit sich fortbewegt. Dasselbe gilt von Tieren, indem ihre Dressur eine erzwungene Gewohnheit ist. Das Pferd zieht gelassen seinen Karren immer weiter, ohne getrieben zu werden: Diese Bewegung ist immer noch die Wirkung der Peitschenhiebe, durch die es anfangs getrieben wurde, welche sich als Gewohnheit perpetuiert, nach dem Gesetze der Trägheit. – Dies alles ist wirklich mehr als bloßes Gleichnis. Es ist schon Identität der Sache, nämlich des Willens, auf sehr weit verschiedenen Stufen seiner Objektivation, welchen gemäß nun dasselbe Bewegungsgesetz sich eben so verschieden gestaltet.

§ 308 Viva muchos años![56] ist im Spanischen ein gewöhnlicher Gruß, und auf der ganzen Erde ist die Anwünschung langen Lebens sehr gebräuchlich. Dies lässt sich nicht wohl aus der Kenntnis, was das Leben, hingegen aus der, was der Mensch, seinem Wesen nach, sei, erklären: nämlich Wille zum Leben. –

Der Wunsch, den jeder hat, dass man nach seinem Tode seiner *gedenken* möge, und der sich bei den Hochstrebenden zu dem *Wunsche des Nachruhms* steigert, scheint mir aus der Anhänglichkeit am Leben zu entspringen, die, wenn sie sich von jeder Möglichkeit des realen Daseins abgeschnitten sieht, jetzt nach dem allein noch vorhandenen, wenngleich nur idealen, also nach einem Schatten greift.

§ 309 Mehr oder weniger wünschen wir bei allem, was wir treiben und tun, das Ende heran, sind ungeduldig, fertig zu werden, und froh, fertig zu sein. Bloß das General-Ende, das Ende aller Enden, wünschen wir in der Regel so fern als möglich.

§ 310 Jede Trennung gibt einen Vorschmack des Todes – und jedes Wiedersehen einen Vorschmack der Auferstehung. – Darum jubeln selbst Leute, die einander gleichgültig waren, so sehr, wenn sie nach zwanzig oder gar dreißig Jahren wieder zusammentreffen.

---

[56] Lang möge er leben.

§ 311 Der tiefe Schmerz beim Tode jedes befreundeten Wesens entsteht aus dem Gefühle, dass in jedem Individuum etwas Unaussprechliches, ihm allein Eigenes und daher durchaus *Unwiederbringliches* liegt. *Omne individuum ineffabile*[57]. Dies gilt selbst vom tierischen Individuum, wo es am lebhaftesten der empfinden wird, welcher zufällig ein geliebtes Tier tödlich verletzt hat und nun seinen Scheideblick empfängt, welches einen herzzerreißenden Schmerz verursacht.

§ 311 a Es kann kommen, dass wir, sogar nach kurzer Zeit, den Tod unserer Feinde und Widersacher fast so sehr betrauern wie den unserer Freunde – wenn wir nämlich sie als Zeugen unserer glänzenden Erfolge vermissen.

§ 313 Hoffnung ist die Verwechslung des Wunsches einer Begebenheit mit ihrer Wahrscheinlichkeit. Aber vielleicht ist kein Mensch frei von der Narrheit des Herzens, welche dem Intellekt die richtige Schätzung der Probabilität so sehr verrückt, dass er Eins gegen Tausend für einen leicht möglichen Fall hält. Und doch gleicht ein hoffnungsloser Unglücksfall einem raschen Todesstreich, hingegen die stets vereitelte und immer wieder auflebende Hoffnung der langsam marternden Todesart.

Wen die Hoffnung, den hat auch die Furcht verlassen: Dies ist der Sinn des Ausdrucks „desperat". Es ist nämlich dem Menschen natürlich, zu glauben, was er wünscht, und es zu glauben, weil er es wünscht. Wenn nun diese wohltätige, lindernde Eigentümlichkeit seiner Natur durch wiederholte, sehr harte Schläge des Schicksals ausgerottet und er sogar umgekehrt dahin gebracht worden ist, zu glauben, es müsse geschehen, was er nicht wünscht, und könne nimmer geschehen, was er wünscht, eben weil er es wünscht, so ist dies eigentlich der Zustand, den man Verzweiflung genannt hat.

---

[57]   Jedes Individuum ist unaussagbar.

§ 315 Unbewusst treffend ist der in allen europäischen Sprachen übliche Gebrauch des Wortes *Person* zur Bezeichnung des menschlichen Individuums: Denn *persona*[58] bedeutet eigentlich eine Schauspielermaske, und allerdings zeigt keiner sich, wie er ist, sondern jeder trägt eine Maske und spielt eine Rolle. – Überhaupt ist das ganze gesellschaftliche Leben ein fortwährendes Komödienspielen. Dies macht es gehaltvollen Leuten insipid[59], während Plattköpfe sich so recht darin gefallen.

§ 316 Es widerfährt uns wohl, dass wir ausplaudern, was uns auf irgendeine Weise gefährlich werden könnte, nicht aber verlässt unsere Verschwiegenheit uns bei dem, was uns lächerlich machen könnte, weil hier der Ursache die Wirkung auf dem Fuße folgt.

§ 318 Die Pein des unerfüllten Wunsches ist klein gegen die *Reue*. Denn jene steht vor der stets offenen, unabsehbaren Zukunft, diese vor der unwiderruflich abgeschlossenen Vergangenheit.

§ 319 *Geduld, patientia*, besonders aber das spanische *sufrimiento*, heißt so von *leiden*, ist mithin Passivität, das Gegenteil der Aktivität des Geistes, mit der sie, wo diese groß ist, sich schwer vereinigen lässt. Sie ist die angeborene Tugend der Phlegmatici wie auch der Geistesträgen und Geistesarmen, und der Weiber. Dass sie dennoch so sehr nützlich und nötig ist, deutet auf eine traurige Beschaffenheit dieser Welt.

§ 320 Das Geld ist die menschliche Glückseligkeit *in abstracto*; daher, wer nicht mehr fähig ist, sie *in concreto* zu genießen, sein ganzes Herz an dasselbe hängt.

---

[58] Ursprünglich vom griechischen „prosopon".
[59] Schal, fade.

§ 321 Aller *Eigensinn* beruht darauf, dass der Wille sich an die Stelle der Erkenntnis gedrängt hat.

§ 322 *Verdrießlichkeit* und Melancholie liegen weit auseinander: Von der Lustigkeit zur Melancholie ist der Weg viel näher als von der Verdrießlichkeit.

Melancholie zieht an, Verdrießlichkeit stößt ab.

Hypochondrie quält nicht nur mit Verdruss und Ärger ohne Anlass über gegenwärtige Dinge; nicht nur mit grundloser Angst vor künstlich ausstudierten Unglücksfällen der Zukunft, sondern auch noch mit unverdienten Vorwürfen über unsere eigenen Handlungen in der Vergangenheit.

Die unmittelbarste Wirkung der Hypochondrie ist ein beständiges Suchen und Grübeln, worüber wohl man sich zu ärgern oder zu ängstigen hätte. Die *Ursache* ist ein innerer krankhafter Unmut, dazu oft eine aus dem Temperament hervorgehende innere Unruhe. Wenn beide den höchsten Grad erreichen, führen sie zum Selbstmord.

§ 324 *Hass* ist Sache des Herzens; *Verachtung* des Kopfes. Das Ich hat keines von beiden in seiner Gewalt, denn sein Herz ist unveränderlich und wird durch Motive bewegt, und sein Kopf urteilt nach unwandelbaren Regeln und objektiven Daten. Das Ich ist bloß die Verknüpfung dieses Herzens mit diesem Kopfe, des *zeugma*[60].

Hass und Verachtung stehen in entschiedenem Antagonismus und schließen einander aus. Sogar hat mancher Hass keine andere Quelle als die Hochachtung, welche fremde Vorzüge erzwingen. Und andererseits, wenn man alle erbärmlichen Wichte hassen wollte, da hätte man viel zu tun. Verachten kann man sie mit größter Bequemlichkeit samt und sonders. Die wahre, echte Verachtung, welche die Kehrseite des wahren, echten Stolzes ist, bleibt ganz heimlich und lässt nichts von

---

[60] Joch, Fessel, das Zusammengefügte.

sich merken. Denn wer die Verachtung merken lässt, gibt schon dadurch ein Zeichen einiger Achtung, sofern er den anderen wissen lassen will, wie wenig er ihn schätze, wodurch er Hass verrät, der die Verachtung ausschließt und nur affektiert. Die echte Verachtung hingegen ist reine Überzeugung vom Unwert des anderen und mit Nachsicht und Schonung vereinbar, mittels welcher man eigener Ruhe und Sicherheit halber den Verachteten zu reizen vermeidet, da jeder schaden kann. Kommt dennoch einmal diese reine, kalte, aufrichtige Verachtung zum Vorschein, so wird sie durch den blutigsten Hass erwidert, weil sie mit Gleichem zu erwidern nicht in der Macht des Verachteten steht.

§ 325 Was die Menschen *hartherzig* macht, ist dieses, dass jeder an seinen eigenen Plagen genug zu tragen hat, oder doch es meint. Daher macht ein ungewohnter glücklicher Zustand die meisten teilnehmend und wohltätig. Aber ein anhaltender, stets da gewesener wirkt oft umgekehrt, indem er sie dem Leiden so sehr entfremdet, dass sie nicht mehr daran teilnehmen können. Daher kommt es, dass bisweilen die Armen sich hilfreicher erweisen als die Reichen.

Was hingegen die Menschen so sehr neugierig macht, wie wir an ihrem Kucken und Spionieren nach dem Treiben anderer sehen, ist der dem Leben entgegengesetzte Pol des Lebens, die Langeweile – wiewohl auch oft der Neid dabei mitwirkt.

§ 326 Wer seine eigene aufrichtige Gesinnung gegen eine Person belauschen will, gebe Acht auf den Eindruck, den ein unerwarteter Brief durch die Post von ihr bei seinem ersten Anblicke macht.

§ 328 Die *Vernunft* verdient auch *ein Prophet* zu heißen, hält sie uns doch das Zukünftige vor, nämlich als dereinstige Folge und Wirkung unseres gegenwärtigen Tuns. Dadurch eben ist sie geeignet, uns im Zaum zu halten, wenn Begierden der Wollust oder Aufwallungen des Zorns oder Gelüste der Habsucht uns verleiten wollen zu dem, was künftig bereut werden müsste.

§ 330 Mit den menschlichen Glückszuständen verhält es sich meistens wie mit gewissen Baumgruppen, welche von Ferne gesehen sich wunderschön ausnehmen. Geht man aber hinan und hinein, so verschwindet diese Schönheit. Man weiß nicht, wo sie geblieben ist, und steht eben zwischen Bäumen. Darauf beruht es, dass wir so oft die Lage des anderen beneiden.

§ 336 Der *Wille* als das Ding an sich ist der gemeinsame Stoff aller Wesen, das durchgängige Element der Dinge. Wir haben ihn sonach mit allen und jedem Menschen, ja mit den Tieren und sogar noch weiter abwärts gemein. In ihm als solchem sind wir sonach jedem gleich, sofern alles und jedes vom Willen erfüllt ist und davon strotzt. Dagegen ist das, was Wesen über Wesen, Mensch über Mensch erhebt, die Erkenntnis. Deshalb sollten unsere Äußerungen soviel als möglich sich auf sie beschränken, und nur sie sollte hervortreten. Denn der Wille als das durchaus Gemeinsame ist eben auch *das Gemeine*. Demgemäß ist jedes heftige Hervortreten desselben *gemein*. Das heißt, es setzt uns herab zu einem bloßen Beispiele und Exemplare der Gattung. Denn wir zeigen alsdann eben nur den Charakter derselben. Gemein daher ist aller Zorn, unbändige Freude, aller Hass, alle Furcht, kurz, jeder Affekt, das heißt jede Bewegung des Willens, wenn sie so stark wird, dass sie im Bewusstsein das Erkennen entschieden überwiegt und den Menschen mehr als ein wollendes denn als ein erkennendes Wesen erscheinen lässt. Einem solchen Affekte hingegeben, wird das größte Genie dem gemeinsten Erdensohne gleich. Wer hingegen schlechthin ungemein, also groß sein will, darf nie die überwiegenden Bewegungen des Willens sein Bewusstsein ganz einnehmen lassen, wie sehr auch er dazu sollizitiert werde. Er muss zum Beispiel die gehässige Gesinnung wahrnehmen können, ohne die seinige dadurch erregt zu fühlen. Ja, es gibt kein sichereres Merkmal der Größe, als kränkende oder beleidigende Äußerungen unbeachtet hingehen zu lassen, indem man sie, eben wie unzählige andere Irrtümer, der schwachen Erkenntnis des Redenden ohne Weiteres zuschreibt und daher sie bloß wahrnimmt, ohne sie zu empfinden. Hieraus ist auch zu verstehen, was *Gracian* sagt: „Nichts steht einem Manne übler an, als merken zu lassen, dass er ein Mensch sei." (*el mayor desdoro de un hombre es dar muestras de que es hombre*)

Dem Gesagten gemäß hat man seinen Willen zu verbergen, eben wie seine Genitalien, obgleich beide die Wurzel unseres Wesens sind, und soll man bloß die Erkenntnis sehen lassen, wie sein Antlitz, bei Strafe, gemein zu werden.

Selbst im Drama, dessen Thema die Leidenschaften und Affekte ganz eigentlich sind, erscheinen diese dennoch leicht gemein, wie dies besonders an den französischen Tragikern bemerklich wird, welche sich kein höheres Ziel als eben Darstellung der Leidenschaften gesteckt haben und nun bald hinter ein sich blähendes, lächerliches Pathos , bald hinter epigrammatische Spitzreden die Gemeinheit der Sache zu verstecken suchen. Die berühmte Demoiselle Rachel als Maria Stuart erinnerte mich in ihrem Losbrechen gegen die Elisabeth, so vortrefflich sie es auch machte, doch an ein Fischweib. Auch verlor in ihrer Darstellung die letzte Abschiedsszene alles Erhebende, das ist alles wahrhaft Tragische, wovon die Franzosen gar keinen Begriff haben. Ohne allen Vergleich besser spielte dieselbe Rolle die Italienerin Ristori, wie denn Italiener und Deutsche trotz großer Verschiedenheit in vielen Stücken doch übereinstimmen im Gefühl für das Innige, Ernste und Wahre in der Kunst und dadurch in Gegensatz treten zu den Franzosen, welchen jenes Gefühl ganz abgeht, was sich überall verrät. Das Edle, das ist das Ungemeine, ja, das Erhabene wird auch in das Drama allererst durch das Erkennen, im Gegensatz des Wollens, hineingebracht, indem dasselbe über allen jenen Bewegungen des Willens frei schwebt und sie sogar zum Stoffe seiner Betrachtungen macht, wie dies besonders Shakespeare durchgängig sehen lässt, zumal aber im Hamlet. Steigert nun gar die Erkenntnis sich zu dem Punkte, wo ihr die Nichtigkeit alles Wollens und Strebens aufgeht und infolge davon der Wille sich selbst aufhebt, dann erst wird das Drama eigentlich tragisch, mithin wahrhaft erhaben, und erreicht seinen höchsten Zweck.

§ 337 Je nachdem die Energie des Intellekts angespannt oder erschlafft ist, erscheint ihm das Leben so kurz, so klein, so flüchtig, dass nichts darin Vorkommendes wert sein könne, uns zu bewegen, sondern alles unerheblich bleibt – auch der Genuss, der Reichtum und sogar der Ruhm; so sehr, dass, was immer einer auch verfehlt haben möge, es nicht möglich ist, dass er daran viel verloren habe; oder aber umgekehrt, dem Intellekt erscheint das Leben so lang, so wichtig, so alles in allem, so inhaltsschwer und so schwierig, dass wir danach mit ganzer Seele uns auf dasselbe werfen, um seiner Güte teilhaft zu werden, seiner Kampfpreise uns zu versichern und unsere Pläne durchzusetzen. Diese letztere Lebensansicht ist die immanente. Sie ist es, welche *Gracian* meint mit dem Ausdruck *tomar muy de veras el vivir* (es gar ernstlich mit dem Leben nehmen; für die erstere hingegen, die transzendente, ist das ovidische *non est tanti* ein guter Ausdruck, und ein noch besserer der des Platon, *oute ti ton anthrópon axión esti megalés spoudes* (*nihil, in rebus humanis magno studio dignum est*[61]).
Die erstere Stimmung geht eigentlich daraus hervor, dass im Bewusstsein das *Erkennen* das Übergewicht erhalten hat, wo es alsdann, vom bloßen Dienste des *Willens* sich losmachend, das Phänomen des Lebens objektiv auffasst und nunmehr nicht verstehen kann, die Nichtigkeit und Futilität[62] desselben deut-

---

[61]   Nichts von den menschlichen Angelegenheiten ist großer Mühe wert.
[62]   Flüchtigkeit.

lich einzusehen. In der anderen Stimmung hingegen herrscht das Wollen vor, und das Erkennen ist bloß da, die Objekte des Wollens zu beleuchten und die Wege zu denselben aufzuhellen. – Der Mensch ist groß oder klein, je nach dem Vorherrschen der einen oder der anderen Lebensansicht.

§ 338 Jeder hält das Ende seines Gesichtskreises für das der Welt. Dies ist im Intellektuellen so unvermeidlich wie im physischen Sehen der Schein, dass am Horizont der Himmel die Erde berühre. Darauf aber beruht unter anderem auch dies, dass jeder uns mit seinem Maßstabe misst, der meistens eine bloße Schneiderelle ist, und wir uns solches gefallen lassen müssen; wie auch, dass jeder seine Kleinheit uns andichtet, welche Fiktion ein für allemal zugestanden ist.

§ 339 Es gibt einige Begriffe, die sehr selten, mit Klarheit und Bestimmtheit, in irgendeinem Kopfe vorhanden sind, sondern ihr Dasein bloß durch ihren Namen fristen, der dann eigentlich nur die Stelle so eines Begriffes bezeichnet, ohne den sie jedoch ganz verloren gehen würden. Der Art ist zum Beispiel der Begriff der *Weisheit*. Wie vage ist er in fast allen Köpfen! Man sehe die Erklärung der Philosophen.

„*Weisheit*" scheint mir nicht bloß theoretische, sondern auch praktische Vollkommenheit zu bezeichnen. Ich würde sie definieren als die vollendete, richtige Erkenntnis der Dinge, im Ganzen und Allgemeinen, die den Menschen so völlig durchdrungen hat, dass sie nun auch in seinem Handeln hervortritt, indem sie sein Tun überall leitet.

§ 340 Alles Ursprüngliche, und daher alles Echte im Menschen wirkt als solches, wie die Naturkräfte, *unbewusst*. Was durch das Bewusstsein hindurchgegangen ist, wurde eben damit zu einer Vorstellung. Folglich ist die Äußerung desselben gewissermaßen Mitteilung einer Vorstellung. Demnach nun sind alle echten und probehaltigen Eigenschaften des Charakters und des Geistes ursprünglich unbewusste, und nur als solche machen sie tiefen Eindruck. Alles Bewusste der Art ist schon nachgebessert und ist absichtlich, geht daher schon über in Affektation, das ist Trug. Was der Mensch unbewusst leistet, kostet ihm keine Mühe, lässt aber auch durch keine Mühe sich ersetzen. Dieser Art ist das Entstehen ursprünglicher Konzeptionen, wie sie allen echten Leistungen zugrunde liegen und den Kern derselben ausmachen. Darum ist nur das Angeborene echt und stichhaltig, und jeder, der etwas leisten will, muss in jeder Sache, im Handeln, im Schreiben, im Bilden, *die Regeln befolgen, ohne sie zu kennen.*

§ 341 Zuverlässig verdankt mancher das Glück seines Lebens bloß dem Umstande, dass er ein angenehmes Lächeln besitzt, womit er die Herzen gewinnt. – Jedoch täten die Herzen besser, sich in Acht zu nehmen und aus Hamlets Gedächtnistafel zu wissen, *that one may smile, and smile, and be a villain* (dass einer lächeln und lächeln kann und ein Schurke sein).

§ 342 Leute von großen und glänzenden Eigenschaften machen sich wenig daraus, ihre Fehler und Schwächen einzugestehen oder sehen zu lassen. Sie betrachten solche als etwas, dafür sie bezahlt haben, oder denken wohl gar, dass eher noch, als diese Schwächen ihnen Schande, sie den Schwächen Ehre machen werden. Besonders aber wird dies der Fall sein, wenn es Fehler sind, die gerade mit ihren großen Eigenschaften zusammenhängen, als conditiones sine quibus non[63], gemäß dem schon oben angeführten Ausdruck der George Sand: *chacun a les défauts de ses vertus*[64].
Dagegen gibt es Leute von gutem Charakter und untadelhaftem Kopfe, die ihre wenigen und geringen Schwächen nie eingestehen, vielmehr sie sorgfältig verbergen, auch sehr emp-

---

[63] Unabdingbare Voraussetzungen.
[64] Ein jeder hat die seinen Tugenden entsprechenden Fehler.

findlich gegen jede Andeutung derselben sind, eben weil ihr ganzes Verdienst in der Abwesenheit von Fehlern und Gebrechen besteht, daher es durch jeden zutage kommenden Fehler geradezu geschmälert wird.

§ 343 Bescheidenheit bei mittelmäßigen Fähigkeiten ist bloße Ehrlichkeit. Bei großen Talenten ist sie Heuchelei. Darum ist diesen offen ausgesprochenes Selbstgefühl und unverhohlenes Bewusstsein ungewöhnlicher Kräfte gerade so wohlanständig, als jenen ihre Bescheidenheit. [...]

§ 344 Sogar an Abrichtungsfähigkeit übertrifft der Mensch alle Tiere. Die Muslime sind abgerichtet, fünfmal des Tages das Gesicht gegen Mekka gerichtet zu beten, tun es unverbrüchlich. Christen sind abgerichtet, bei gewissen Gelegenheiten ein Kreuz zu schlagen, sich zu verneigen u dgl.; wie denn überhaupt die Religion das rechte Meisterstück der Abrichtung ist, nämlich die Abrichtung der Denkfähigkeit, daher man bekanntlich nicht früh genug damit anfangen kann. Es gibt keine Absurdität, die so handgreiflich wäre, dass man sie nicht allen Menschen fest in den Kopf setzen könnte, wenn man nur schon vor ihrem sechsten Jahre anfinge, sie ihnen einzuprägen, indem man unablässig und mit feierlichstem Ernst sie ihnen vorsagte. Denn wie die Abrichtung der Tiere, so gelingt auch die des Menschen nur in früher Jugend vollkommen.

Edelleute sind abgerichtet, kein anderes als ihr Ehrenwort heilig zu halten, an den fratzenhaften Kodex der ritterlichen Ehre ganz ernsthaft, steif und fest zu glauben, ihn erforderlichenfalls mit ihrem Tode zu besiegeln und den König wirklich als ein Wesen höherer Art anzusehen. – Unsere Höflichkeitsbezeugungen und Komplimente, besonders die respektvollen Attentions[65] gegen die Damen, beruhen auf Abrichtung. Unsere Achtung vor Geburt, Stand und Titel desglei-

---

[65] Aufmerksamkeiten.

chen. Ebenso unser abgemessen stufenweises Übelnehmen gegen uns gerichteter Äußerungen. Engländer sind abgerichtet, den Vorwurf, dass sie keine *gentlemen* seien, noch mehr aber den der Lüge, Franzosen den der Feigheit (*lâche*), Deutsche den der Dummheit für ein todeswürdiges Verbrechen zu halten, usw. – Viele Leute sind zu einer unverbrüchlichen Ehrlichkeit in einer Art abgerichtet, während sie in allen übrigen wenig davon aufzuweisen haben. So stiehlt mancher kein Geld, aber alles unmittelbar Genießbare. Mancher Kaufmann betrügt, ohne Skrupel, aber stehlen würde er schlechterdings nicht.

§ 344 a Der Arzt sieht den Menschen in seiner ganzen Schwäche; der Jurist in seiner ganzen Schlechtigkeit; der Theolog in seiner ganzen Dummheit.

§ 346 Viel Einbildungskraft hat der, dessen anschauende Gehirntätigkeit stark genug ist, nicht jedes Mal der Erregung der Sinne zu bedürfen, um in Aktivität zu geraten.

Dementsprechend ist die Einbildungskraft umso tätiger, je weniger äußere Anschauung uns durch die Sinne zugeführt wird. Lange Einsamkeit, im Gefängnis oder in der Krankenstube, Stille, Dämmerung, Dunkelheit sind ihrer Tätigkeit förderlich. Unter dem Einfluss derselben beginnt sie unaufgefordert ihr Spiel. Umgekehrt, wenn der Anschauung viel realer Stoff von außen gegeben wird, wie auf Reisen, im Weltgetümmel, am hellen Mittage, dann feiert die Einbildungskraft und gerät, selbst aufgefordert, nicht in Tätigkeit. Sie sieht, dass es nicht ihre Zeit ist.

Dennoch muss die Einbildungskraft, um sich fruchtbar zu erweisen, vielen Stoff von der Außenwelt empfangen haben, denn diese allein füllt ihre Vorratskammer. Aber es ist mit der Nahrung der Fantasie wie mit der des Leibes: Wenn diesem soeben von außen viel Nahrung zugeführt worden, die er zu verdauen hat, dann ist er gerade am untüchtigsten zu jeder

Leistung und feiert gern. Und doch ist es eben diese Nahrung, der er alle Kräfte verdankt, welche er nachher, zur rechten Zeit, äußert.

§ 349 Weil *Freude und Leid* nicht Vorstellungen, sondern Willensaffektionen sind, liegen sie auch nicht im Bereich des Gedächtnisses, und wir vermögen nicht, *sie selbst* zurückzurufen, welches hieße, sie erneuern, sondern bloß die *Vorstellungen*, von denen sie begleitet waren, können wir uns wieder vergegenwärtigen, zumal aber unserer durch sie damals hervorgerufenen Äußerungen uns erinnern, um daran, was sie gewesen, zu ermessen. Daher ist unsere Erinnerung der Freuden und Leiden immer unvollkommen, und sie sind, wenn vorüber, uns gleichgültig. Vergeblich bleibt es darum, wenn wir bisweilen uns bemühen, die Genüsse oder die Schmerzen der Vergangenheit wieder aufzufrischen. Denn das eigentliche Wesen beider liegt im Willen. Dieser aber, an sich und als solcher, hat kein Gedächtnis, welches eine Funktion des Intellekts ist, der, seiner Natur nach, nichts liefert und enthält als bloße Vorstellungen. Und die sind hier nicht die Sache. – Seltsam ist es, dass wir in schlimmen Tagen uns die vergangenen glücklichen sehr lebhaft vergegenwärtigen können, hingegen in guten Tagen die schlimmen nur sehr unvollkommen und kalt.

§ 350 Für das *Gedächtnis* ist wohl die Verwirrung und Konfusion des Gelernten zu besorgen[66], aber doch nicht eigentlich Überfüllung. Seine Fähigkeit wird durch das Gelernte nicht vermindert, so wenig wie die Formen, in welche man sukzessiv den Sand gemodelt hat, dessen Fähigkeit zu neuen Formen vermindern. In diesem Sinne ist das Gedächtnis bodenlos. Jedoch wird, je mehr und vielseitigere Kenntnis einer hat, er desto mehr Zeit gebrauchen, um das herauszufinden, was jetzt plötzlich erfordert ist, weil er ist wie ein Kaufmann, der aus

---

[66] Zu befürchten.

einem großen und mannigfachen Magazin die eben verlangte Ware hervorsuchen soll. Oder, eigentlich zu reden, weil er aus so vielen ihm möglichen gerade *den* Gedankengang hervorzurufen hat, der ihn, infolge früherer Einübung, auf das Verlangte leitet. Denn das Gedächtnis ist kein Behältnis zum Aufbewahren, sondern bloß eine Übungsfähigkeit der Geisteskräfte; daher der Kopf alle seine Kenntnisse stets nur *potentia*, nicht *actu*[67] besitzt […]

§ 350 a Bisweilen will mein Gedächtnis ein Wort einer fremden Sprache oder einen Namen oder einen Kunstausdruck nicht reproduzieren, obwohl ich ihn sehr gut weiß. Nachdem ich alsdann, kürzere oder längere Zeit, mich vergeblich damit gequält habe, entschlage ich mich der Sache gänzlich. Alsdann pflegt binnen einer oder zwei Stunden, selten noch später, bisweilen aber erst nach vier bis sechs Wochen, das gesuchte Wort mir, zwischen ganz andersartigen Gedanken, so plötzlich einzufallen, als würde es mir von außen zugeflüstert. (Dann ist es gut, es durch ein mnemonisches Merkmal einstweilen zu befestigen, bis es sich dem eigentlichen Gedächtnis wieder eingeprägt hat.) Nachdem ich dies Phänomen seit sehr vielen Jahren oft beobachtet und bewundert habe, ist mir jetzt folgende Erklärung desselben wahrscheinlich geworden: Nach dem peinlichen, vergeblichen Suchen behält mein Wille die Begier nach dem Wort und bestellt daher demselben einen Aufpasser im Intellekt. Sobald nun später, im Lauf und Spiel meiner Gedanken, irgendein dieselben Anfangsbuchstaben habendes oder sonst jenem ähnliches Wort zufällig vorkommt, springt der Aufpasser zu und ergänzt es zum gesuchten, welches er nun packt und plötzlich triumphierend herangeschleppt bringt, ohne dass ich weiß, wo und wie er es gefangen; daher es kommt, wie eingeflüstert. Es geht damit so, wie wenn einem Kinde, das eine Vokabel nicht aufzusagen weiß, der Lehrer endlich den

---

[67] Der Möglichkeit, nicht der Wirklichkeit nach.

ersten, auch wohl zweiten Buchstaben derselben leise angibt: Dann kommt ihm das Wort. – Wo dieser Hergang ausgeblieben, wird am Ende methodisch durch alle Buchstaben des Alphabets nach dem Wort gesucht.

Anschauliche Bilder haften besser im Gedächtnis als bloße Begriffe. Daher lernen fantasiebegabte Köpfe die Sprachen leichter als andere, denn sie verknüpfen mit dem neuen Wort sogleich das anschauliche Bild der Sache, während die anderen bloß das äquivalente Wort der eigenen Sprache damit verknüpfen. –

Man suche das, was man dem Gedächtnis einverleiben will, so viel als möglich auf ein anschauliches Bild zurückzuführen, sei es nun unmittelbar oder als Beispiel der Sache, oder als bloßes Gleichnis, Analogon oder wie noch sonst, weil alles Anschauliche viel fester haftet als das bloß *in abstracto* Gedachte oder gar nur Worte. Darum behalten wir so sehr viel besser, was wir erlebt, als was wir gelesen haben. –

Der Name Mnemonik gebührt nicht sowohl der Kunst, das unmittelbare Verhalten durch Witz in ein mittelbares zu verwandeln, als vielmehr einer systematischen Theorie des Gedächtnisses, die alle seine Eigenheiten darlegte und sie aus keiner wesentlichen Beschaffenheit und sodann aus einander ableitete.

§ 352 Es gibt Augenblicke im Leben, da, ohne besonderen äußeren Anlass, vielmehr durch eine von innen ausgehende und wohl nur physiologisch erklärbare Erhöhung der Empfänglichkeit die sinnliche Auffassung der Umgebung und Gegenwart einen höheren und seltenen Grad von Klarheit annimmt, wodurch solche Augenblicke nachher dem Gedächtnis unauslöschlich eingeprägt bleiben und sich in ihrer ganzen Individualität konservieren, ohne dass wir wüssten, weswegen, noch warum aus so vielen Tausenden ihnen ähnlicher gerade nur sie, vielmehr ganz so zufällig, wie die in den Steinschichten aufbehaltenen, einzelnen Exemplare ganzer untergegangener

Tiergeschlechter, oder wie die beim Zuschlagen eines Buches einst zufällig erdrückten Insekten. Die Erinnerungen dieser Art sind jedoch stets hold und angenehm.

Wie schön und bedeutsam manche Szenen und Vorgänge unseres vergangenen Lebens sich in der Erinnerung darstellen, obwohl wir sie damals ohne besondere Wertschätzung haben vorübergehen lassen! Aber vorübergehen mussten sie, geschätzt oder nicht. Es sind eben die *Mosaiksteine*, aus denen das Erinnerungsbild unseres Lebenslaufes zusammengesetzt ist.

§ 353 Dass bisweilen, scheinbar ohne Anlass, längst vergangene Szenen uns plötzlich und lebhaft in Erinnerung treten, mag in vielen Fällen daher kommen, dass ein leichter, nicht zum deutlichen Bewusstsein gelangender Geruch jetzt gerade wie damals von uns gespürt wurde. Denn bekanntlich erwecken Gerüche besonders leicht die Erinnerung, und überall bedarf der *nexus idearum*[68] nur eines äußerst geringen Anstoßes. Beiläufig gesagt: Das Auge ist der Sinn des Verstandes [...]; das Ohr der Sinn der Vernunft [...]; und der Geruch der Sinn des Gedächtnisses, wie wir hier sehen. Getast und Geschmack sind an den Kontakt gebundene Realisten, ohne ideale Seite.

§ 356 Dass die niedrigste aller Geistestätigkeiten die arithmetische sei, wird dadurch belegt, dass sie die einzige ist, welche auch durch eine Maschine ausgeführt werden kann, wie denn jetzt in England dergleichen Rechenmaschinen bequemlichkeitshalber schon in häufigem Gebrauche sind. – Nun läuft aber alle *analysis finitorum et infinitorum*[69] im Grunde doch auf Rechnerei zurück. Danach bemesse man den „mathematischen Tiefsinn", über welchen schon Lichtenberg sich lustig macht, indem er sagt: „Die sogenannten Mathematiker von Profession haben sich, auf die Unmündigkeit der übrigen Menschen ge-

---

[68] Die Verknüpfung der Vorstellungen.
[69] Analyse der endlichen und der unendlichen Dinge.

stützt, einen Kredit von Tiefsinn erworben, der viel Ähnlichkeit mit dem von Heiligkeit hat, den die Theologen für sich haben."

§ 358 Die Menschen bedürfen der Tätigkeit nach außen, weil sie keine nach innen haben. Wohingegen diese stattfindet, ist jene vielmehr eine sehr ungelegene, ja oft verwünschte Störung und Abhaltung und ist hingegen der Wunsch nach Stille und Ruhe von außen und nach Muße der vorherrschende. – Aus dem Ersteren ist auch die Rastlosigkeit und zwecklose Reisesucht der Unbeschäftigten zu erklären. Was sie so durch die Länder jagt, ist dieselbe Langeweile, welche zu Hause sie haufenweise zusammentreibt und zusammendrängt, dass es ein Spaß ist, es anzusehen. Eine auserlesene Bestätigung dieser Wahrheit gab mir einst ein mir unbekannter fünfzigjähriger Mann, der mir von seiner zweijährigen Vergnügungsreise in die fernsten Länder und fremden Weltteile erzählte. Auf meine Bemerkung nämlich, dass er dabei doch große Beschwerden, Entbehrungen und Gefahren ausgestanden haben müsse, gab er mir wirklich sogleich und ohne Vorrede, sondern unter Voraussetzung der Enthymemath[70] die höchst naive Antwort: „Ich habe mich keinen Augenblick gelangweilt."

§ 359 Es wundert mich nicht, dass sie Langeweile haben, wenn sie allein sind: Sie können nicht allein lachen, sogar erscheint solches ihnen närrisch. – Ist denn das Lachen etwa nur ein Signal für andere und ein bloßes Zeichen, wie das Wort? – Mangel an Fantasie und an Lebhaftigkeit des Geistes überhaupt [...], das ist es, was ihnen, wenn allein, das Lachen verwehrt. Die Tiere lachen weder allein noch in Gesellschaft.

Myson, der Misanthrop, war, allein lachend, von so einem überrascht worden, der ihn jetzt fragte, warum er denn lache,

---

[70] Der Wahrscheinlichkeitsschlüsse.

da er doch allein wäre. – „Gerade darum lache ich", war die Antwort,

§ 361 Wer das Schauspiel nicht besucht, gleicht dem, der seine Toilette ohne Spiegel macht. Noch schlechter aber macht es der, welcher seine Beschlüsse fasst, ohne einen Freund zu Rate zu ziehen. Denn einer kann in allen Dingen das richtigste, treffendste Urteil haben, nur nicht in seinen eigenen Angelegenheiten, weil hier der Wille dem Intellekt sogleich das Konzept verrückt. Darum soll man sich beraten, aus demselben Grunde, aus welchem ein Arzt jeden kuriert, nur sich selbst nicht, sondern dann einen Kollegen ruft.

GLEICHNISSE, PARABELN UND FABELN

§ 379 Den Hohlspiegel kann man zu mannigfaltigen Gleichnissen benutzen, zum Beispiel, wie oben beiläufig geschehen, ihn mit dem Genie vergleichen, sofern auch dieses seine Kraft auf eine Stelle konzentriert, um, wie er, ein täuschendes, aber verschönertes Bild der Dinge nach außen zu werfen oder überhaupt Licht und Wärme zu erstaunlichen Wirkungen anzuhäufen. Der elegante Polyhistor hingegen gleicht dem konvexen Zerstreuungsspiegel, welcher nur wenig unter seiner Oberfläche alle Gegenstände zugleich und ein verkleinertes Bild der Sonne dazu sehen lässt, und solche nach allen Richtungen jedem entgegenwirft, während der Hohlspiegel nur nach einer wirkt und eine bestimmte Stellung des Beschauers fordert.

Zweitens lässt auch jedes echte Kunstwerk sich dem Hohlspiegel vergleichen, sofern, was es eigentlich mitteilt, nicht sein eigenes, tastbares Selbst, sein empirischer Inhalt ist, sondern außer ihm liegt, nicht mit Händen zu greifen, vielmehr nur von der Fantasie verfolgt wird, als der eigentliche, schwer zu haschende Geist der Sache. [...]

Endlich kann auch noch ein hoffnungslos Liebender seine grausame Schöne dem Hohlspiegel epigrammatisch vergleichen, welcher wie diese glänzt, entzündet und verzehrt, dabei aber selbst kalt bleibt.

§ 380 a Ich stand vor einer von rücksichtslosem Fuß getretenen Lücke im reifenden Kornfeld. Da sah ich zwischen den zahllosen einander ganz gleichen, schnurgeraden, die volle schwere Ähre tragenden Halmen eine Mannigfaltigkeit blauer, roter und violetter Blumen, die in ihrer Natürlichkeit mit ihrem Blätterwerk gar schön anzusehen waren. Aber, dachte ich, sie sind unnütz, unfruchtbar und eigentlich bloßes Unkraut, das hier nur geduldet wird, weil man es nicht loswerden kann. Dennoch sind sie es allein, die diesem Anblick Schönheit und Reiz verleihen. So ist denn, in jeder Hinsicht, ihre Rolle dieselbe, welche die Poesie und die schönen Künste im ernsten, nützlichen und fruchtbringenden bürgerlichen Leben spielen; daher sie als Sinnbild dieser betrachtet werden können.

§ 383 Zwei Chinesen in Europa waren zum ersten Mal im Theater. Der eine beschäftigte sich damit, den Mechanismus der Maschinerien zu begreifen, welches ihm auch gelang. Der andere suchte, trotz seiner Unkunde der Sprache, den Sinn des Stückes zu enträtseln. – Jenen gleicht der Astronom, diesem der Philosoph.

§ 387 Als ich einst unter einer Eiche botanisierte, fand ich, zwischen den übrigen Kräutern und von gleicher Größe mit ihnen, eine Pflanze von dunkler Farbe, mit zusammengezogenen Blättern und geradem, straffen Stiel. Als ich sie berührte, sagte sie mit fester Stimme: „Mich lass stehen! Ich bin kein Kraut für dein Herbarium, wie jene anderen, denen die Natur ein einjähriges Leben bestimmt hat. Mein Leben wird nach Jahrhunderten gemessen: Ich bin eine kleine Eiche." – So steht der, dessen Wirkung sich auf Jahrhunderte erstrecken soll, als Kind, als Jüngling, oft noch als Mann, ja, überhaupt als Lebender scheinbar den Übrigen gleich und wie sie unbedeutend. Aber lasst nur die Zeit kommen und mit ihr die Kenner! Er stirbt nicht wie die Übrigen.

§ 388 Ich fand eine Feldblume, bewunderte ihre Schönheit, ihre Vollendung in allen Teilen und rief aus: „Aber alles dieses in ihr und Tausenden Ihresgleichen prangt und verblüht, von niemandem betrachtet, ja, oft von keinem Auge auch nur gesehen." – Sie aber antwortete: „Du Tor! Meinst du, ich blühe, um gesehen zu werden? Meiner und nicht der anderen wegen blühe ich, blühe, weil's mir gefällt. Darin, dass ich blühe und bin, besteht meine Freude und meine Lust."

§ 390 Eine schöne, grünende und blühende *Oasis* sah um sich und erblickte nichts als die Wüste rings umher. Vergebens suchte sie, Ihresgleichen gewahr zu werden. Da brach sie in Klagen aus: „Ich unglückliche, vereinsamte Oasis! Allein muss ich bleiben! Nirgend Meinesgleichen! Ja, nirgends auch nur ein Auge, das mich sähe und Freude hätte an meinen Wiesen, Quellen, Palmbäumen und Gesträuchen! Nichts als die traurige, sandige, felsige, leblose Wüste umgibt mich. Was helfen mir alle meine Vorzüge, Schönheiten und Reichtümer in dieser Verlassenheit!"

Da sprach die alte, graue Mutter Wüste: „Mein Kind, wenn dem anders wäre, wenn ich nicht die traurige, dürre Wüste wäre, sondern blühend, grün und belebt, dann wärst du keine Oase, kein begünstigter Fleck, von dem noch in der Ferne der Wanderer rühmend erzählt, sondern wärst eben ein kleiner Teil von mir und als solcher verschwindend und unbemerkt. Darum also ertrage in Geduld, was die Bedingung deiner Auszeichnung ist."

§ 392 In Hinsicht auf die Schätzung der Größe eines Menschen gilt für die geistige das umgekehrte Gesetz der physischen: Diese wird durch die Ferne verkleinert, jene vergrößert.

§ 393 Wie den zarten, angehauchten Tau über blaue Pflaumen hat die Natur über alle Dinge den Firniss der *Schönheit* gezogen. Diesen abzustreifen, um ihn dann aufgehäuft zum bequemen Genuss uns darzubringen, sind Maler und Dichter eifrig bemüht. Dann schlürfen wir, schon vor unserem Eintritt ins wirkliche Leben, ihn gierig ein. Wenn wir aber nachher in dieses treten, dann ist es natürlich, dass wir nunmehr die Dinge von jenem Firniss der Schönheit, den die Natur darübergezogen hatte, entblößt erblicken. Denn die Künstler haben ihn gänzlich verbraucht und wir ihn vorgenossen. Demzufolge erscheinen uns jetzt die Dinge meistens unfreundlich und reizlos, ja widern oft uns an. Demnach würde es wohl besser sein, jenen Firniss darauf zu lassen, damit wir ihn selbst fänden. Zwar würden wir dann ihn nicht in so großen Dosen, aufgehäuft und auf einmal in Form ganzer Gemälde oder Gedichte genießen, dafür aber alle Dinge in jenem heiteren und erfreulichen Lichte erblicken, in welchem jetzt nur noch dann und wann ein Naturmensch sie sieht, der nicht mittels der schönen Künste seinen ästhetischen Freuden und den Reiz des Lebens vorweg genossen hat.

§ 395 Eine Mutter hatte ihren Kindern zu ihrer Bildung und Besserung Äsops Fabeln zu lesen gegeben. Aber sehr bald brachten sie ihr das Buch zurück, wobei der Älteste sich gar altklug also vernehmen ließ: „Das ist kein Buch für uns! Ist viel zu kindisch und dumm. Dass Füchse, Wölfe und Raben reden könnten, lassen wir uns nicht mehr aufbinden. Über solche Possen sind wir längst hinaus!" –Wer erkennt nicht in diesen hoffnungsvollen Knaben die künftigen erleuchteten Nationalisten?

§ 396 Eine Gesellschaft Stachelschweine drängte sich an einem kalten Wintertage recht nahe zusammen, um durch die gegenseitige Wärme sich vor dem Erfrieren zu schützen. Jedoch bald empfanden sie die gegenseitigen Stacheln, welches sie dann wieder voneinander entfernte. Wenn nun das Bedürfnis der Erwärmung sie wieder näher zusammenbrachte, wiederholte sich jenes zweite Übel, sodass sie zwischen beiden Leiden hin und hergeworfen wurden, bis sie eine mäßige Entfernung voneinander herausgefunden hatten, in der sie es am besten aushalten konnten. –

So treibt das Bedürfnis der Gesellschaft, aus der Leere und Monotonie des eigenen Innern entsprungen, die Menschen zueinander, aber ihre vielen widerwärtigen Eigenschaften und unerträglichen Fehler stoßen sie wieder voneinander ab. Die mittlere Entfernung, die sie endlich herausfinden und bei welcher ein Beisammensein bestehen kann, ist die Höflichkeit und feine Sitte. Dem, der sich nicht in dieser Entfernung hält, ruft man in England zu: *keep your distance!*[71] – Vermöge derselben wird zwar das Bedürfnis gegenseitiger Erwärmung nur unvollkommen befriedigt, dafür aber der Stich der Stacheln nicht empfunden. – Wer jedoch viel eigene innere Wärme hat, bleibt lieber aus der Gesellschaft weg, um keine Beschwerde zu geben noch zu empfangen.

---

[71] Halten Sie Abstand!

Einige Verse

Sonnet

Die lange Winternacht will nimmer enden;
Als käm' sie nimmermehr, die Sonne weilet;
Der Sturm mit Eulen um die Wette heulet;
Die Waffen klirren, an den morschen Wänden.

Und off'ne Gräber ihre Geister senden:
Sie wollen, um mich her im Kreis verteilet,
Die Seele schrecken, dass sie nimmer heilet; –
Doch will ich nicht auf sie die Blicke wenden.

Den Tag, den Tag, ich will ihn laut verkünden!
Nacht und Gespenster werden vor ihm fliehen:
Gemeldet ist er schon vom Morgensterne.

Bald wird es licht, auch in den tiefsten Gründen:
Die Welt wird Glanz und Farbe überziehen,
Ein tiefes Blau die unbegrenzte Ferne.

(Weimar, 1808)

Die Felsen im Tale bei Schwarzburg

Als ich, am sonnigen Tage, im Tale der waldigen Berge
Einsam ging, hatt' ich Acht auf die zackigen Glieder der Fel-
    sen,
Die sich so grau dem Gewühle der Kinder des Waldes entwin-
    den.

Siehe, da hab ich's gehört, durch's Rauschen des schäumenden
    Waldbachs,
Wie ein gar mächtiger Fels die andern also begrüßte:
„Freut euch, Brüder, mit mir, ihr ältesten Söhne der Schöp-
    fung,
Dass auch heute das Licht der erquickenden Sonn' uns um-
    spielet,
Ebenso warm und so hold, als da sie zum ersten Mal aufging.
Und, an dem Kindestage der Welt, auf uns, ja auf uns schien.
Gab seitdem gleich mancher der langsam ziehenden Winter
Mütze von Schnee unserm Haupt und Bart aus Zapfen des
    Eises,
Sind seitdem gleich viele von unsern mächtigen Brüdern
Von dem gemeinsamen Feinde, dem wuchernden Volke der
    Pflanzen,
Flüchtigen Söhnen der Zeit, doch ach! stets neu sich gebärend,
    –
Tief überdeckt und begraben und leider auf immer entzogen
Diesem erfreulichen Lichte, das *mit* uns sie ja gesehen,
Tausend und tausend Jahr', eh' aus Fäulnis einst jene Brut
    ward,
Die schon uns, o ihr Brüder, auch uns ja den Untergang dro-
    het,
An uns heran so fest von allen Seiten sich drängend, –
O stehet fest, meine Brüder, und haltet kräftig zusammen,
Hebet vereint die Häupter zur Sonne, dass lang sie euch schei-
    ne!"

(Rudolstadt, 1813)

Sonnenstrahl durch Wolken, im Sturme

O wie ruhst du im Sturme, der alles beugt und zerstreuet,
Fest, unerschüttert und still, du Strahl der erheiternden Son-
    ne!

Lächelnd wie du, wie du mild, wie du fest und in ewiger Klar-
    heit,
Ruhet der Weise im Sturm des jammer- und angstvollen Le-
    bens.

Morgen im Harz

Von Dünsten schwer, von Wolken schwarz,
Sah' düster drein der ganze Harz:
Und die Welt, die war trübe. –
Da kam hervor der Sonnenschein,
Der lachte drein,
Ward alles Freudigkeit und Liebe.

Er legt sich an des Berges Hang,
Da ruht er still, da ruht er lang,
In tiefer, sel'ger Wonne.
Zu Berges Gipfel er dann ging,
Den ganzen Gipfel er umfing:
Wie liebt der Berg die Sonne!

Auf die Sixtinische Madonna

Sie trägt zur Welt ihn: Und er schaut entsetzt
In ihrer Gräu'l chaotische Verwirrung,
In ihres Tobens wilde Raserei,
In ihres Treibens nie geheilte Torheit,
In ihrer Qualen nie gestillten Schmerz, –
Entsetzt: Doch strahlet Ruh' und Zuversicht
Und Siegesglanz sein Aug', verkündigend
Schon der Erlösung ewige Gewissheit.

(Dresden, 1815)

Unverschämte Verse

*(Gedichtet auf der Reise von Neapel nach Rom im April 1819.
Mein Hauptwerk war im November 1818 erschienen)*

Aus langgehegten, tiefgefühlten Schmerzen
Wand sich's empor aus meinem innern Herzen.
Es festzuhalten hab' ich lang gerungen:
Doch weiß ich, dass zuletzt es mir gelungen.
Mögt euch drum immer wie ihr wollt gebärden:
Des Werkes Leben könt ihr nicht gefährden.
Aufhalten könt ihr's, nimmermehr vernichten:
Ein Denkmal wird die Nachwelt mir errichten.

An Kant †

Ich sah Dir nach in Deinen blauen Himmel,
Im blauen Himmel dort verschwand Dein Flug.
Ich blieb allein zurück in dem Gewimmel,
Zum Troste mir Dein Wort, zum Troste mir Dein Buch. –

Da such ich mir die Öde zu beleben
Durch Deiner Worte geisterfüllten Klang:
Sie sind mir alle fremd, die mich umgeben,
Die Welt ist öde und das Leben lang.

[unvollendet]

Rätsel der Turandot

Ein Kobold ist's, zu unserm Dienst geworben,
Uns beizustehn, in uns'rer vielen Not.
Im Elend wären alle wir gestorben,
Ständ' er uns nicht tagtäglich zu Gebot.

Doch strenger Zucht bedarf's, ihn zu regieren
Dass stets gefesselt bleibe seine Macht;
Man darf ihn aus den Augen nicht verlieren,
Ihn keine Stunde lassen außer Acht.

Denn seine Art ist Teufelslist und Tücke:
Er brütet Unheil, sinnet auf Verrat;
Er stellet unserm Leben nach und Glücke,
Bereitet langsam grauenvolle Tat.

Gelingt es ihm, die Fesseln zu zerbrechen,
Und wird des lang beseufzten Zwangs er los;
So eilt er, für die Knechtschaft sich zu rächen,
Und seine Wut ist, wie sein Jubel, groß.

Er ist nun Herr, und wir sind seine Knechte:
Umsonst ist jeglicher Versuch fortan,
Zurückzubringen unsere alten Rechte:
Der Zwang ist aus, gebrochen ist der Bann.

Des Sklaven wilde Wut ist losgebunden,
Sie füllet alles jetzt mit Tod und Graus:
In kurzer Frist, in wenig Schreckensstunden,
Verschlinget sie den Herren und sein Haus.

(Berlin, 1829)

Der Indische Stein
(eine Fabel)

Auf einen schwarzen Stein war Gold gerieben;
Ein gelber Strich jedoch war nicht geblieben:
„Dies ist nicht echtes Gold!" so riefen alle.
Man warf es hin, zu schlechterem Metalle.

Es fand sich spät, dass jener Stein, obzwar
Von Farbe schwarz, doch kein Probierstein war.
Hervorgesucht kam jetzt das Gold zu Ehren:
Nur echter Stein kann echtes Gold bewähren.

(1830)

Die Blumenvase

„Sieh, wie nur wenige Tage, nur wenige Stunden wir blühen",
Rief eine prangende Schar farbiger Blumen mir zu,
„Dennoch schreckt sie uns nicht, diese Nähe des finsteren Or-
kus:
Allezeit sind wir ja da; leben ja ewig, wie Du."

(1831)

In ein Exemplar des Trauerspiels Numancia von Cervantes,
welches mir in einer Auktion zugefallen war, hatte der frühere
Besitzer nachstehendes Sonnet von A.W. von Schlegel einge-
schrieben. Nachdem ich das Trauerspiel gelesen hatte, schrieb
ich die Stanze daneben, welche ich mit „Bruststimme", wie
Ersteres mit „Kopfstimme", bezeichnet habe.

Kopfstimme

Roms Heeren, die von langem Kampf erschlaffen,
Numancia frei und kühn entgegenstunde.
Da naht des unabwendbar'n Schicksals Stunde,
Als Scipio neu der Krieger Zucht erschaffen.

Umbollwerkt nun, verschmachtend, helfen Waffen
Den Tapfern nicht; sie weihn im Todesbunde
Sich, Weiber, Kinder, Einer Flamme Schlunde,
Um dem Triumph die Beute zu entraffen.

So triumphiert, erliegend noch, Hispania:
Stolz wandeln ihre Heldenblutverströmer
Zur Unterwelt, auf würdigem Kothurne.

Wen Libyen nicht erzeugte, noch Hyrkania,
Der weint: Es weinten wohl die letzten Römer
Hier an des letzten Numantiners Urne.
(A.W. v. Schlegel)

Bruststimme

Den Selbstmord einer ganzen Stadt
Cervantes hier geschildert hat.
Wenn alles bricht, so bleibt uns nur
Rückkehr zum Urquell der Natur.

(Frankfurt a.M., 1837)

Antistrophe zum 73sten Venetianischen Epigramme Wundern
darf es mich nicht, dass manche die Hunde verleumden:
Denn es beschämt zu oft leider den Menschen der Hund.

(1845)

Anziehungskraft

Gedanken und Witze willst du verschwenden,
Den Anhang der Menschen Dir zuzuwenden?!
Gib ihnen was Gutes zu fressen, zu saufen:
Sie kommen in Scharen Dir zugelaufen.

(1857)

Finale

Ermüdet steh' ich jetzt am Ziel der Bahn,
Das matte Haupt kann kaum den Lorbeer tragen:
Doch blick' ich froh auf das, was ich getan,
Stets unbeirrt durch das, was andere sagen.

(1856)